北京外国语大学一流学科建设科研项目成果

中国文化"走出去"研究报告

北京外国语大学中国文化走出去协同创新中心 主办
北京外国语大学比较文明与人文交流高等研究院
北京中外文化交流研究基地 协办

张西平　张朝意 / 总主编
郭景红　薛维华　管永前 / 副总主编

海外华文教育研究报告

（2018）

REPORT ON
OVERSEAS CHINESE EDUCATION (2018)

主　编 / **陈水胜　李伟群**

社会科学文献出版社
SOCIAL SCIENCES ACADEMIC PRESS (CHINA)

总序言

中国，一个有着悠久历史文化的东方大国，一个历经苦难、不断奋斗而快速崛起的大国，一个已经走进世界舞台中心的大国。她需要向世界展示自己灿烂悠久的文明，她需要让世界了解东方的智慧，她希望与世界分享一个发展中国家走向成功的经验。

中国的崛起是一个文明型大国的崛起，世界文化的版图也将因此而改写。中国文化在走向世界的过程中，向世界学习，在讲述自己的故事的时候，聆听着世界各国文化的交响。文化是一个国家、一个民族的灵魂。文明因交流而多彩，文明因互鉴而丰富。中华文化向世界展示的过程就是一个以文明交流超越文明隔阂，以文明互鉴超越文明冲突，以文明共存超越文明优越的伟大历史过程。

党的十八大以来，我国的文化影响力日益扩大，国际舆论格局"西强我弱"的差距正在缩小。我国提出的构建人类命运共同体、共建"一带一路"等得到国际社会的广泛认同，我国的国际影响力、感召力、塑造力日益提升。另一方面，世界正处于百年未有之大变局之中，增强国际话语权、提升国家文化软实力任务之艰巨前所未有。

　　文明的中国、发展的中国是一个完整的中国。中华优秀传统文化是中华民族的文化根脉，其蕴含的思想观念、人文精神、道德规范，不仅是我们中国人思想和精神的内核，对解决人类问题也有重要价值。当代中国以其前所未有的蓬勃力量，创造了人类历史上前所未有的发展速度，中国道路正在展现其无穷的魅力。我们有着厚重的历史，我们有着精彩的今天，中国人民正在探索如何向世界展示自己的文明，如何向世界讲述自己精彩的故事。

　　中国文化在世界的展开已经成为崛起的中国伟大交响曲中的一支，我们应该不断总结自己走向世界的历程，不断完善展示自己文化的方法，不断提高中国文化国际传播力。

　　中国文化"走出去"研究报告丛书将书写中华文化与世界各国文明交流互鉴、交融发展的历史，将积累在这个崭新伟大的事业中的点点滴滴的进步，将记载因向外部世界传播，中华文化的精神不断变革发展的历程，将见证中国文化产业在世界的发展与壮大，将总结中华文化国际影响力不断提高的历史过程。传播力决定影响力，话语权决定主动权。通过不断提高中华文化国际影响力，让中华文化更好地走向世界，让世界更好地了解中国，为实现"两个一百年"奋斗目标和中华民族伟大复兴的中国梦营造良好的国际舆论环境。本丛书正是为此而作。

张西平

2018 年 8 月 16 日

目　录

第一章　"一带一路"倡议对华文教育的推动[*]

　　2013 年 9 月 7 日，中国国家主席习近平在哈萨克斯坦纳扎尔巴耶夫大学演讲时，第一次提出共同建设"丝绸之路经济带"的重要倡议。2013 年 10 月 3 日，习近平主席在印度尼西亚国会演讲时提出，东南亚自古以来就是"海上丝绸之路"的重要枢纽，中国愿与东盟国家加强海上合作，共同建设"21 世纪海上丝绸之路"。"丝绸之路经济带"和"21 世纪海上丝绸之路"（以下简称"一带一路"）倡议由此形成。"一带一路"倡议得到国际社会的高度关注和有关国家的积极响应。"一带一路"倡议借用古丝绸之路的历史符号，融入了新的时代内涵，旨在推动沿线国家共同发展、共同进步。"一带一路"倡议是一个开放的倡议，并没有人为设置的边界，不限国别范围，不是一个实体，不搞封闭机制，坚持共商共建共享原则，有意愿的国家和经济体均可加入。"一带一路"倡议以互联互通为主要特点，致力于亚欧非大陆及附近海洋的互联互通，构建全方位、多层次、复合型的互联互通格局，实

　　* 李伟群，北京外国语大学华文教育部主任。陈水胜，法学博士，中央统战部侨务事务局副调研员。

现沿线各国互联互通伙伴关系以及多元、自主、平衡、可持续的发展。

2016 年 11 月 17 日，联合国 193 个会员国协商一致通过决议，欢迎共建"一带一路"等经济合作倡议，呼吁国际社会为"一带一路"建设提供安全保障环境。2017 年 3 月 17 日，联合国安理会一致通过第 2344 号决议，呼吁国际社会通过"一带一路"建设加强区域经济合作。第 71 届联合国大会主席彼得·汤姆森则将构建人类命运共同体理念看作"人类在这个星球上的唯一未来"。

国之交在于民相亲，民相亲在于心相通。因此，在提出共商共建共享"一带一路"重大倡议时，习近平主席将"民心相通"作为推进其他"四通"的基础予以强调。2015 年 3 月，国家发展和改革委员会、外交部、商务部三部委联合发布的《推动共建丝绸之路经济带和 21 世纪海上丝绸之路的愿景与行动》（以下简称愿景与行动）中，也对推动民心相通工作进行了详细的规划，强调要通过"广泛开展文化交流、学术往来、人才交流合作、媒体合作、青年和妇女交往、志愿者服务等，为深化双多边合作奠定坚实的民意基础"。

共建"一带一路"为沿线国家和地区的华文教育带来"黄金机遇期"，对华文教育的发展具有积极的影响。在"一带一路"沿线国家和地区的语言教学中，华文教育所占比重越来越大，所起作用也越来越大。华文教育的对象从以华人子弟为主发展到华人子弟与非华裔子女并重，而且后者的比例也越来越大。"一带一路"沿线国家，分布在东亚、东南亚、南亚、中亚、中东欧等地区，这些国家的华文教育有着各自的特殊性，在使用教材和考核标准等方面存在不少差异。为此，我们应根据"一带一路"沿线国家和地区的实际情况，梳理、总结华文国际传播的历史经验，探索汉语与中华文化国际传播的途径和方式，通过"一带一路"建设进一步创新华文教育方式，推动华文教育发展，从而为文明交流互鉴做出贡献。此外，共建"一带一路"倡议加强了文化交流和商业贸易往来，对双语人才的需求就会增大。因此，华文教育除了传承中华文化、促进海外华社和谐发展外，还会成为一个潜在的产业。

第一节　华文教育面临的机遇与挑战

在推进"一带一路"建设的大背景下，作为历史最久、根植最深、覆盖最广、体系最完备的海外中华语言文化基础教育体系，华文教育在促进民心相通方面大有可为，将面临难得的发展机遇，同时也必然会遇到新的挑战。

从机遇方面看，集中体现为中外交流合作日益深化过程中不断拓展和形成的巨大发展空间。以中国和东盟为例，中国与东盟国家山水相连、血脉相亲，无论是从地缘、文缘、人缘，还是政治、经贸和安全等角度来考量，都互为对方重要的合作伙伴，甚至可以说是荣辱与共的利益共同体与命运共同体。据介绍，2015 年，中国与东盟的贸易额达到 4721 亿美元，双向投资累计超过 1564 亿美元，人员往来突破 2300 万人次，互派留学生超过 18 万人次。中国已连续 7 年是东盟的第一大贸易伙伴，东盟连续 4 年是中国第三大贸易伙伴。每周有千余架次航班穿行于中国与东盟国家之间。①

①　《中国与东盟合作关系迎来新的发展阶段——中国驻东盟大使徐步在国际会议期间接受记者专访》，人民网，2016 年 6 月 3 日，http：//world. people. com. cn/n1/2016/0603/c1002 - 28410333. html。

2013 年，习近平主席在印尼提出共同建设"21 世纪海上丝绸之路"倡议时表示，愿与东盟国家共同努力，争取使 2020 年双方贸易额达到 1 万亿美元。[①]

随着"21 世纪海上丝绸之路"建设的积极推进，中国与东盟将迎来合作共赢的新时代。在此形势下，语言文化的交流将变得更加急迫和重要，势必也会得到双方官方层面及社会各界的进一步重视和支持。因此，对华文教育而言，这是难得的发展机遇。比如说，东南亚各国青年学习汉语和中国传统文化的兴趣进一步提高，华文学校的主要生源会从传统的华裔子弟群体大幅拓展至非华裔群体；东南亚各国对待本国华校的政策有望进一步放宽，从而不断为自己培养更多同中国交往合作所需要的语言文化专业人才；中国的企业加速走进各国，当地汉语教育潜在的巨大市场，也势必会吸引一部分资金的投入；等等。有记者通过实地走访发现华侨华人创办的三语学校在印尼不断兴起，且颇受非华裔群体的青睐。印尼规模最大的三语学校——八华学校，从幼儿园到高中，学生达 4000 多名，非华裔孩子占了 12%。即使是山城马吉朗的培德三语学校，友族孩子也占到了 15%。甚至有的学校华裔学生和原住民各占一半，如日惹崇德三语学校，这个比例是 52∶48。巴厘省文桥三语学校生源中也有 30% 是友族孩子。[②]

就挑战而言，则集中反映在新形势与新要求下提出的转型升级压力上。"一带一路"倡议的推进，在给广大华文学校带来发展机遇的同时，也对其提出了新的更高要求。在东南亚地区，尽管华文

---

① 习近平：《习近平谈治国理政》，外文出版社，2015，第 293 页。
② 《"一带一路"文化交流先行，东南亚现华文教育热》，南方网，2015 年 5 月 7 日，http：//news.southcn.com/sd/content/2015 - 05/07/content_ 123813949.htm。

教育历史悠久,华文学校较成规模和体系,但仍面临不少"结构性"缺陷,成为融入"一带一路"倡议、助力民心相通工程的制约性因素。比如,发展模式的问题,即如何形成既符合所在国政策要求,又有利于保持华文教育特性的发展模式。与二战后的限制环境相比,20 世纪 90 年代后,特别是近年来,东南亚各国对华文教育的政策日趋宽松,大多持开放包容的态度。于是,各国华社积极行动起来,努力探索适合本国的华文教育发展模式。在印尼,逐渐从家庭补习班、课后补习班向三语学校、国际学校转换,就是其中一种比较成功的探索。不过,从总体上看,东南亚各国对华文教育发展模式的探索还在继续,距离走向成熟和稳定还有较长的路要走。例如,在马来西亚,面对不断强化的教育同化方针和持续推进的单元主义教育政策,华文教育难以维系现有的教育教学模式;在缅甸,华文学校尚未得到政府的正式承认,因此如何抓住缅甸当前正在推进的改革,为华文学校赢得应有的认可,将很大程度上决定缅甸华文教育的未来;在菲律宾、老挝、柬埔寨、文莱、泰国等这些华文教育已经融入当地国民教育体系或者获得许可的国家,如何真正办出华校的特色和水平,将直接影响着华文教育的未来。

当然,除了发展模式问题之外,东南亚各国还普遍存在一些"老问题",主要包括办学资金拮据、专业教师匮乏、教材针对性不强等。同时,如何更好地适应学生群体多元化以及如何加快推进华文教育的信息化等"新烦恼"也陆续显现。总之,无论是探索适合自己的发展模式,还是有效解决新老问题,都迫切需要各国华文教育界实施创新驱动战略,加快走转型升级之路。

第二节 华文教育融入"一带一路"建设的基本要求

共商共建共享"一带一路"，是中国打造更全面、更深入、更多元对外开放新格局的重要布局，也是中国同沿线国家打造利益共同体和命运共同体的重要手段，具有重大意义和深远影响。对华文教育而言，积极参与"一带一路"倡议，既是自身获得大发展的难得机遇，也是体现其独特作用的重要方式。但是，要参与"一带一路"，首先要解决如何融入"一带一路"的问题。

一是理念上的融入。华文教育的基本初衷是传承民族语言文化，保持华侨华人的民族特性。但是，在实现这一根本目的的过程中，华文教育还必须顺应时代发展要求，融入中国与所在国关系大局，体现出其应有的时代价值，这样才更具生命力和时代活力。换言之，华文教育越贴近中外关系大局，其自身就越容易赢得更多的发展机遇。

当前及今后一个时期，服务"一带一路"倡议，持续夯实民心相通就是华文教育最大的时代价值。因此，在中国同各国积极推进"一带一路"倡议的大背景下，华文教育不仅要继续充当桥梁和纽带，还要积极主动地融入该倡议，当好主力军，成为中国与各国开展人文交流、夯实民心相通的重要支柱。华侨华人是中国营造有利国际舆论环境的建设性力量。华侨华人可以基于自身在所在国的社会地位，促进双边关系的发展。另外，华侨华人是进一步促进中国经济全球化发展的推动力量。海外华商利用自己多年积累下的信息网络和人际关系网络帮助中国企业"走出去"，是中国海外经济利益拓展的重要基础性资源。

二是步伐上的融入。"一带一路"从提出倡议到组织实施，推进的速度和节奏都非常快，在许多国家和地区都已经有了早期收获。这既体现了中国对该倡议的高度重视，也充分彰显出其强大的生命力。对华文教育而言，参与"一带一路"建设，不仅理念认识上要跟进，行动方面更要迅速果断，要能够踩上"一带一路"建设的节拍。

经过努力，目前东南亚地区的华文教育已初具规模，发展势头强劲，基本涵盖了从幼儿园到中学这个语言文化教育的"黄金期"，这是华文教育的优势所在。不过，随着"一带一路"倡议的持续推进，一方面各国学习中华语言文化的需求势必进一步加大。为此，华文学校必须进行适当的调整，以便能更好地满足当地日益增长的需求。另一方面，市场的导向作用势必推动更多主流学校加入开设汉语课程的行列中来，这将与华文学校形成一定的竞争。对此，华文学校也必须进行必要的调整，才能不断提高其竞争力，保持原有的独特优势。可见，积极主动作为是华文教育保持良好发展势头、服务"一带一路"倡议的必然要求。再一方面，华文教育的职业化。汉语成为当今世界第二大国际通用语的主要原因之一是中国经济给世界经济带来的重要影响，这也要求华文教育的发展应该重视其商用价值。这也要求华文教育的职业化发展，所谓职业化就是汉语学习与职业发展并重。自"一带一路"倡议提出以来，截至 2016 年底，已有 100 多个国家表达了对"一带一路"倡议的支持和参与意愿，中国与 39 个国家和国际组织签署了 46 份共建"一带一路"合作协议，涵盖互联互通、产能、投资、经贸、金融、科技、社会、人文、民生、海洋等合作领域。[①] 如此，这些国

---

① 　推进"一带一路"建设工作领导小组办公室：《共建"一带一路"：理念、实践与中国的贡献》，2017 年 5 月。

家就需要大量的能用汉语进行沟通的高素质人才，华文教育可以根据不同的需求开展面向社会层面的各类型高端培训班，如共建"一带一路"倡议培训班、"中华文化传播"研究生班等。此外，很多汉语学习者不满足于只掌握一种语言，学习汉语的同时还希望学习中国较为先进的其他实用性技能，比如华文教育与酒店管理、旅游管理、机械制造等专业或职业教育相结合。总之，新形势下华文教育的职业化是一个大趋势。

三是方式上的融入。充分利用华文学校分布广泛、数量庞大且系统性强的有利条件，大力开展面向"一带一路"沿线国家的汉语教育和中华文化传播工作，不断夯实民心相通政策，助力"一带一路"建设。衡量理念和步伐跟进与否，最终要看是否落实到了具体举措上。随着"一带一路"倡议的推进，中国的资金、项目和人员都会进一步流向沿线国家，进而形成更大规模、更高水平的国际合作。在这一进程中，华文教育参与"一带一路"建设至少可以从以下两个方面着力。

第一，坚持开展系统的中华语言文化基础教育，为之提供必要的汉语人才支撑。国务院侨办每年可组织以"一带一路"为主题的夏（冬）令营活动，邀请沿线国家华裔青少年和非华裔青少年来华交流联谊。此外，华校在春节、端午节、元宵节、中秋节等传统中国节日里，以传统节庆文化，如舞龙舞狮等庆祝方式来传播中华民族文化，吸引当地人的关注与参与，将中国传统节庆文化融入驻在国的社会生活中，增强中华文化的吸引力与影响力。华校在尊重和了解当地社会法律政策的基础上，举办公益性和经济性相结合的文化活动，邀请来自驻在国各族群的嘉宾参与活动，扩大社会影响，为跨文化交流创造环境和条件。

契合世界汉语热的大潮流,在华文学校紧紧抓住所在国高涨的汉语学习需求开办汉语辅导班,通过语言这一载体来传播中华文化,加强文化间交流互融。语言是一个民族思维方式的表达,帮助驻在国人民学习和了解中国汉语言文化,不仅可以帮助外国人了解中国的历史文化,而且可以引导他们理解中国人的思维方式、中国的外交智慧以及中国的风土人情,也会使他们产生更大的好奇心,这会促使他们来中国旅游或留学,从而加强中外之间的心灵沟通。

第二,努力以传播中华语言文化为切入点,面向所在国青少年群体广泛宣介中国的"一带一路"建设成效,为中外合作持续打牢社会根基。如国务院侨办于 2017 年委托北京外国语大学编写《华裔青少年"一带一路"知识读本》,用讲故事的方式向海外华裔青少年介绍"一带一路"建设的成果,在中文版的基础上还打算组织翻译出版中英、中俄、中法、中阿等中外文对照版本。具体到不同国家和地区的话,华文教育参与和服务"一带一路"建设的方式也需要因地制宜。

总之,在华文教育参与"一带一路"建设这个问题上,思想观念上的融入是基本前提,跟上步伐节奏是重要保障,而采取行之有效的举措则是关键,三者相辅相成,不可或缺。

第三节 华文教育转型升级之建议

第一,加强华文教育政策沟通。从中国人移居海外的漫长历史来看,和平友好始终是不变的主题。由华侨华人创办的华文学校，也一直致力于推动中外人文交流互鉴，增进中外民众的了解与认知，并为此发挥着独特的作用。然而，历史上，受政治因素的影响，东南亚地区的华文教育曾遭受不同形式、不同程度的打压。20世纪90年代以来，各国开始重新认识华文教育的价值与属性，并逐步放宽华文教育政策，使之日渐回归到正常的发展轨道上来。可见，政策环境是左右华文教育发展的主要因素。因此，新形势下，加强华文教育政策沟通，既是推进"一带一路"建设的应有之义，更是华文教育服务"一带一路"建设的重要前提。

2016年，共有16个国家的中央政府或地方政府主动出台政策措施，强化汉语教学及中文人才培养。① 有5个国家取得了汉语国际教育与传播的实质性突破：亚美尼亚教育科学部正式颁布《〈亚美尼亚初级汉语教学大纲〉批准令》和《亚美尼亚中小学汉语教学许可证书》，这标志着汉语被正式纳入该国基础教育课程体系；马耳他教育部决定将在全国公立中小学全面推广汉语课程，并把汉语作为马耳他高中毕业考试（SEC）的外语科目之一；芬兰教育委员会将汉语正式列入高中外语教学大纲，这是芬兰首次将汉语正式列入高中教学大纲；斯洛伐克中部城市班斯卡－比斯特里察米库拉沙·科瓦蔡中学正式启动"中斯双语教学试点项目"，这是斯洛伐克首家以汉语和斯洛伐克语作为教学语言的双语学校；孟加拉国国立达卡大学现代语言学院正式设立中文系，这是孟加拉国高等院校的首个汉语本科专业，该专业的设立在孟加拉国乃至南亚国家和地区开了先河，是汉语国际教育进入孟加拉国国民教育体系的重要标志，

---

① 贾益民：《世界华文教育年鉴（2017）》，社会科学文献出版社，2017，第3页。

也是汉语国际教育在孟加拉国迈出的具有突破性的实质性的一步。[①]

　　许多国家的中央政府或地方政府主动出台政策或措施强化汉语教育与中文人才培养，大大促进了汉语在这些国家的传播。俄罗斯已经决定将汉语作为国家统一考试的科目，正在加紧制订实施计划和实施方案，实验性的测试也在开展，预计两年后全面展开；美国纽约州教育厅、纽约市教育局多管齐下，丰富包括汉语在内的多语言教育资源，推进多语言教学，这些措施包括为同等学力考试者提供中文试卷、提出更为科学的阅读建议，推荐阅读书单、提供便利的阅读资源、开设9门过渡性的双语教育课程和29门扩充性双语教学课程等；澳大利亚的南澳大利亚州政府与中国山东省教育厅签署协议，共同建设该州首所中英文双语学校；南非制订了国家层面上的汉语教学推广计划，未来5年内，要在9个省500所学校推广汉语教学，每年派100位教师到中国接受汉语培训，针对警察系统的汉语培训也要同步展开；印度尼西亚政府为了适应中国游客日益增多的形势，旅游部与该国多所大学签署联合培养中文导游人才的协议，位于巴厘的乌达雅纳大学也将开设中文专业；越南教育与培训部出台新计划，将汉语列为该国的第一外语，与英语享有同等地位；韩国首尔教育厅、德国法兰克福地方政府出台政策，培训汉语师资，增加中文课程数量；新加坡政府在O水准考试中增加华语口语考试，旨在提高高级母语的华语口语水平；新西兰政府设立专项奖金，拨付巨款，资助63所中小学拓展或新设亚洲语言（包括中文）教学。[②]

---

① 贾益民：《世界华文教育年鉴（2017）》，社会科学文献出版社，2017，第3页。
② 贾益民：《世界华文教育年鉴（2017）》，社会科学文献出版社，2017，第4页。

马来西亚华人社会努力为华文教育争取更大的发展空间和更为宽松的政策环境。马来西亚华校董事联合会总会2016年全面检讨2005年发布的《马来西亚华文独立中学教育改革纲领》，并将拟定新的教育改革纲领，新纲领强调多语平衡，强调与国际接轨，强调改革统考方式。同时，董事联合会总会也宣布3年内拟定出《马来西亚华文独立教育蓝图（2018~2027）》，该文件将引领未来10年华文独立中学教育事业。马来西亚行动方略联盟改制中学委员会、马来西亚国民型华文中学发展理事会及马来西亚国民型华文中学校长理事会决定联手推动《国民型华文中学行动路线图》，为国民型华文中学的未来发展描绘出宏图远景，这一路线图已经基本编制完成，正在华人社会中征求意见和建议。①

第二，扎实推进"三化"建设。的确，华文学校在培养双语人才方面具有独特优势，这在以全日制教学为主要特征的东南亚地区显得更加突出。但是，随着"汉语热""中国热"的持续升温，无论是各国主流学校还是孔子学院（孔子课堂）都在加快发展汉语教学，已经形成了"三驾马车"并进的竞争格局。以泰国为例，据相关报道，截至2013年，泰国共有1524所院校开设汉语课程，学习汉语人数达863056人。截至2015年底，泰国已建有14所孔子学院和11个孔子课堂。泰国教育部与中国国家汉办志愿者合作项目由2004年的73个增加到了2014年的1832个。② 所以，面对激烈的市场竞争，华文教育要继续保持原有优势，并更好地助力

---

① 贾益民：《世界华文教育年鉴（2017）》，社会科学文献出版社，2017，第4页。
② 《交流日益频繁 泰国近90万人学汉语》，中新网，2014年10月31日，http://www.chinanews.com/hr/2014/10-31/6739296.shtml；《关于孔子学院/孔子课堂》，孔子学院总部官网，http://www.hanban.edu.cn/confuciousinstitutes/node_10961.htm。

"一带一路"建设，必须加快推进"标准化、正规化、专业化"建设，全面提升教育教学质量和水平。

华文教育"三化"建设的重要前提，是要实现华文学校办校有章可循，从根本上改变以往"各自为政"的松散局面。2015～2017 年，国务院侨办组织专家研制了《周末制华校办学参照性标准》《周末制华校教育教学大纲》《全日制华校办学参照性标准》《全日制华校教育教学大纲》，推出了《华文教师证书》实施方案和华裔青少年华文水平测试标准，针对华文学校校务管理、教学安排、课程设置、教师遴选和学业考核等各个环节，初步建立起一套相对完整的参照性标准体系。[①] 当然，这些参照性标准，重点在于提供方向、提出原则、设置目标、加以指导。[②]

2014～2017 年，华文教育的"三化"建设表现在以下几个方面。

一是华文教育政策沟通不断深化，中外华文教育合作逐步展开。2014～2017 年，国务院侨办同泰国、意大利、巴基斯坦、匈牙利等国家和地区的各级教育主管部门签署了 10 份华文教育合作协议，并积极落实协议涉及的华文教师培养培训、华裔和非华裔青少年文化体验活动，以及政府官员中文培训等项目，收效明显，影响较大。通过有针对性的政策沟通，加上合作项目的引领带动，相关国家和地区教育主管部门对华文教育给予更多的理解和支持，海外华文教育发展的宽松环境日渐形成。

二是华文教育工作机制逐步完善。2014～2017 年，"国家海外

---

① 荣启涵：《我国海外华文教育标准初形成　华文学校发展将有章可循》，新华网，2017 年 12 月 19 日，http://www.xinhuanet.com/politics/2017－12/19/c_1122136574.htm。

② 裘援平：《第四届世界华文教育大会主题报告》，2017 年 12 月 19 日，第 4 页。

教育工作联席会议"各成员单位根据第三期工作规划目标任务和职责分工，加强协调配合，发挥各自优势，为华文教育"三化"建设提供了有力支撑。比如，财政部增加了华文教育专项投入；国家发改委研究制定国民经济社会发展规划时，统筹考虑华文教育工作；外交部及驻外机构积极协调解决华校发展需求，协助安排国家领导人出访时考察当地华文学校，接见华文教育工作者代表；教育部及孔子学院总部推进孔子学院发展建设时，支持当地华文学校发展建设；中央统战部、外宣办、全国人大华侨委、文化部、国家新闻出版广电总局、全国政协港澳台侨委、致公党中央、中国侨联等单位，也给予海外华文教育更多的关心和支持。

此外，国务院侨办还注意发挥省、市、县三级侨务部门力量，努力发挥各地的地缘、人缘、亲缘、文缘优势，共同做好夏（冬）令营活动、华文教师培训、华文教材推广等工作。

三是华文教育标准研制初步完成，华文学校发展实现有章可循。2014～2017 年，国务院侨办组织专家研制了《周末制华校办学参照性标准》《周末制华校教育教学大纲》《全日制华校办学参照性标准》《全日制华校教育教学大纲》，推出了《华文教师证书》实施方案和华裔青少年华文水平测试标准，初步建立起一套相对完整的参照性标准体系。当然，这些参照性标准，重点在于提供方向、提出原则、设置目标、加以指导，以便大家在办学实践中有所遵循，并非强迫大家全部"照搬照抄"。①

2016 年 4 月 27 日，国务院侨务办公室首届华文教育工作专家指导委员会成立大会在广州召开。国务院侨务办公室主任裘援平、

---

① 裘援平：《第四届世界华文教育大会主题报告》，2017 年 12 月 19 日，第 4 页。

副主任任启亮及海内外近 30 位华文教育界的专家学者出席了成立大会。裘援平为来自海内外 11 个国家的共 27 位受聘专家颁发了聘书。

成立华文教育工作专家指导委员会，对于健全国务院侨办侨务工作决策咨询制度，提高华文教育工作的科学化、正规化水平具有重要的意义。海外华文教育既不同于中国国内的语文教育，也有别于对外汉语教学，不同国家和地区华文教育发展水平、发展模式也各不相同，因此，特别需要关注、熟悉海外华文教育的专家和资深教育工作者给予指导和规范，也需要发挥专家智库的作用，广开言路，以提高华文教育工作的科学化水平。

4 月 27 日下午，暨南大学华文学院科研团队还向与会专家汇报了其独立研发的"华文教师证书认证项目"及"海外华裔青少年华文水平测试项目"进展情况。

据悉，目前华文教师证书考试已在中国、印尼、泰国、缅甸、老挝、柬埔寨、菲律宾、德国、意大利等国分别举行。全球 32 个国家共有 2595 人参加了考试，1816 人通过认证，通过率约 70%。

海外华裔青少年华文水平测试是国务院侨办批准研发的考试，该测试主要是面向海外华人华侨，特别是华裔青少年而进行的华文水平标准参照考试。目前，华文水平测试已经进入试测阶段，参与首批试测的 10 个国家为印尼、菲律宾、柬埔寨、缅甸、泰国、马来西亚、英国、荷兰、美国、巴西。①

四是华文教材体系建设初具规模，华文学校教材需求基本得到

---

① 郭军：《中国国侨办成立首届华文教育工作专家指导委员会》，中国新闻网，2016 年 4 月 27 日，http://www.chinanews.com/hr/2016 - 04 - 27/7850963.shtml。

满足。教材是教育教学的基本依据，也是传播中华语言文化的重要载体。2014～2017年，国务院侨办组织编写和修订了4套共计43册主干教材，涵盖幼儿园、小学、初中和高中阶段。同时，为柬埔寨、泰国、缅甸、菲律宾、澳大利亚及中亚、欧洲等国家和地区组织编写了8套共计280册"本土化"教材。[①] 经过努力，涵盖幼儿园、小学、初中、高中阶段的主干教材体系基本建立，面向不同国家和地区的"本土化"教材体系日益丰富，能够较好地满足当地华文学校的教育教学需求。

在加强华文教材体系建设的同时，国务院侨办依托驻外使领馆并重点依托华文教育组织和华文学校，做好教材的推广发行工作，基本做到有求必应，及时、足额供应。2014～2017年，我国累计向50多个国家和地区的华文学校提供了1300万册各类华文教材。[②]

五是华文教师培训工作稳步推进，师资队伍整体素质明显提升。师资问题是制约海外华文教育发展的"瓶颈"，也是海外华社关注的"老大难"问题之一。国务院侨办想侨胞之所想，急侨胞之所急，多形式、多渠道、不间断地培训海外华文教师，重点推广集"培训、考核、认证"于一体的华文教师培训新模式，收到良好效果，华文教师队伍的总体素养得到明显提升。2014～2017年，国务院侨办依托国内华文教育基地院校共组织举办了223期专题培训班，邀请近40个国家和地区的13281名华文教师

---

① 荣启涵：《我国海外华文教育标准初形成　华文学校发展将有章可循》，新华网，2017年12月19日，http：//www.xinhuanet.com/politics/2017－12/19/c_1122136574.htm。

② 荣启涵：《我国海外华文教育标准初形成　华文学校发展将有章可循》，新华网，2017年12月19日，http：//www.xinhuanet.com/politics/2017－12/19/c_1122136574.htm。

来华培训；组派了 52 个"名师巡讲团"，分赴 33 个国家和地区开展送教活动，巡回培训了 21665 人次；通过"请进来""走出去"等方式开展"三位一体"培训，培训了 7392 名华文教师，目前已完成 5742 人的考卷评阅，其中有 3944 名教师通过考试，获得华文教师证书，通过率为 69%。通过函授教育方式，招收了马来西亚、印尼等 5 个国家的 306 名华文教师就读汉语言文学等专业的本科和硕士，培养具有较高学历层次的骨干教师；以提供奖助学金的方式，招收了泰国、印尼等 25 个国家的 1390 名华裔高中毕业生到暨南大学和华侨大学就读华文教育本科专业，为华校培养后备师资力量。①

2016 年，在中国外派华文教育师资培训方面，共举行了中国外派华文教育师资培训活动 13 次；在海外来华师资培训方面，开展专项教学技能培训 5 次，教材教法专题培训 4 次，"华文教师证书"专项培训 8 次，把全球的华文教师请进国内培训。此外，注重加强海外教师管理团队的培训，2016 年共举行 10 次中小学类华校校长、校董的培训。云南师范大学、暨南大学、华中师范大学、上海师范大学、湖南师范大学等国内的高校分别开设本科或函授课程，为泰国、菲律宾、马来西亚、印尼等国培训学历型师资。

2016 年，华文教育远程培训也取得新的进展。美国、澳大利亚、德国、塞浦路斯、西班牙、泰国、挪威、新西兰、韩国、英国、马来西亚、阿联酋、瑞典、法国、墨西哥等国家的华文教师加入海外华文教师完美远程培训。其中，"2016 年 9 月 4 日，法国著

---

①　裘援平：《第四届世界华文教育大会主题报告》，2017 年 12 月 19 日。

名汉学家、法国首任国民教育部汉语总督学、世界汉语教学学会副会长白乐桑教授做客多平台全球直播中国文化课，与来自新加坡、澳大利亚、泰国、法国、荷兰、加拿大、英国、瑞典、奥地利、瑞士等 31 个国家和地区的 701 位华文教师探讨了文化这一范畴应该怎么界定、文化教学的方法等问题"。[①]

2016 年，国务院侨办 22 次派出名师巡讲团赴海外讲学，分别到了澳大利亚、菲律宾、英国、蒙古国、韩国、日本、美国、缅甸、西班牙、印度尼西亚、墨西哥、葡萄牙、瑞典、丹麦、泰国、南非、阿根廷、巴西、法国等国家。讲学内容包括："中小学语文教学技巧""中国文化概述""中小学数学式教育思维""中国书法艺术""小学识字教学""语言教学的流派及辅助教学方法""跨文化传播的话语影响力""教师职业口语的含义和特点""学科实践活动背景下的语文新思考""华文教育发展""提升教育品质和中文授课方法""幼儿园语言集体教学活动的组织与实施""呵护心灵，健康成长——青少年心理健康教育""各个击破，全面提高——小学语文阅读写作专项训练指导""太极和健身气功""少林拳术""刀剑器械""趣味记字法例谈""连词成句——激发写作兴趣例谈""中国国画之美""如何激发学习汉语的兴趣""汉语课堂教学相融合""汉语课堂教学激情引趣法""华文教育现状和趋势""打造有品质教育""简简单单教中文""激发华文学习兴趣，弘扬中华优秀文化""中国画基础""快乐阅读，趣享华文魅力""如何上好写话课""浅谈成语故事教学"，分别采用生动讲解、课堂互动等方式，从华文教育理论、办学理念、教学技巧等层

---

① 贾益民：《世界华文教育年鉴（2017）》，社会科学文献出版社，2017，第 242 页。

面分享了华文教学的理念、经验、技巧等。

六是开展各类文化活动,华裔青少年中文水平大幅提升。广大华裔青少年是华社的未来和希望,也是华文教育工作的主要对象。针对这一群体的特殊性,国务院侨办以文化体验活动为切入点和着力点,注意结合其生理、心理特点,不断创新工作方式方法,持续丰富工作手段,逐渐形成了以"中国寻根之旅""中华文化大乐园""中华文化大赛"等品牌为主要支撑,游教结合、内外兼顾、特色鲜明的文化体验体系。2014~2017年,共举办了889期以"中国寻根之旅"为主题的各类夏(冬)令营,累计邀请了105个国家和地区的9.3万名华裔青少年回国学习体验;组派81个才艺教师小组赴31个国家和地区举行81期"中华文化大乐园",让3万多名华裔青少年在家门口学习中华才艺;组派18个学生交流团,赴26个国家和地区交流巡演,受众达6万多人;在15个国家和地区连续举办了第四、五、六届"中华文化大赛",吸引约10万名华校学生参与;举办第十六、十七、十八届"世界华人少年作文比赛",40多个国家和地区3万多名华裔青少年积极投稿。共有30多万人次从这几年的文化体验活动中受益,不仅激发了华裔青少年学习中华语言文化的兴趣,而且加深了他们对中国国情、中华文化和中华民族的了解和认知,更加坚定了他们的文化自信和民族自豪感。近年来,华裔青少年对中文的运用水平,对中华文化的理解能力,对祖(籍)国的认知程度,都有了大幅提升。①

2016年,国务院侨办共举行了170期以"中国寻根之旅"为

---

① 裘援平:《第四届世界华文教育大会主题报告》,2017年12月19日,第6~7页。

主题的各类夏（冬）令营，举行了 38 次中国语言文化之旅，33 期海外"中华文化大乐园"，39 次海外华裔青少年竞赛活动。此外，还举办了 48 次各类文体活动，包括"四海同春"、才艺交流、新春联欢、儿童节妇女节联欢等活动。此外，民间组织了 24 次公益活动，包括赠书、义演、捐资设立华教基金、资助华文小学、资助华裔学生等。同时，各侨办注意开展各类表彰活动。

七是优化华文学校帮扶体系。开启华文教育"三化"建设后，国务院侨办在原有工作基础上，推出以建设华文教育示范学校为龙头，以帮助困难华校、扶持新兴华校、支持重点华文教育组织和设立华星书屋、选派国内教师支教为补充的帮扶体系，在奖金、项目、活动等各方面给予重点倾斜，为不同办学规模、不同发展水平的华文学校加快转型升级，提供更具针对性的支持和帮助。截至目前，国务院侨办共在 50 多个国家和地区遴选建设了 304 所示范学校，帮扶了 294 所困难华校和新兴华校，支持了 25 个重点华教组织，设立了 607 个华星书屋。"示范学校"成为华社评价办学质量的重要标准，更是家长和孩子们选择学校的重要考量。[1]

2014～2017 年，国务院侨办选派了 2973 名优秀的一线中小学、幼儿园教师，到 33 个国家和地区的华文学校开展示范教学、教学督导和师资培训等，缓解了海外华校"师资荒"，促进了海外华文学校教学质量的提升。外派教师工作成为国务院侨办开展华文教育工作的重要品牌之一，受到海外华校的欢迎。[2]

八是华文教育基地建设扎实推进，专业支撑作用进一步显现。

---

[1] 裘援平：《第四届世界华文教育大会主题报告》，2017 年 12 月 19 日，第 7 页。
[2] 裘援平：《第四届世界华文教育大会主题报告》，2017 年 12 月 19 日，第 8 页。

华文教育"三化"建设离不开国内专业院校的有力支撑。国务院侨办在全国 27 个省（区、市）遴选出 50 所高等和中等院校及文化机构，作为"国字号"的华文教育基地。其中既有暨南大学、华侨大学、北京华文学院等传统侨校，也有华东师范大学、南京师范大学、东北师范大学等众多师范类院校，还有厦门大学、四川大学、北京外国语大学等知名高校，以及孔子研究院等文化推广机构。

这些华文教育基地院校在国务院侨办指导下，积极发挥各自的办学优势和专业优势，全面对接华文教育理论研究、华文教材编写、华文教师培训、华裔青少年活动等工作，成为支撑海外华文教育发展的专业力量。此外，国侨办还成立了专家委员会，为"三化"建设提供专业指导，协助开展各类华文教育标准的认证。

第三，着力实施创新驱动。创新是引领经济社会发展的第一动力，对华文教育工作而言，实施创新驱动，也是顺应时代发展潮流的重要体现和举措。在服务"一带一路"建设过程中，创新显得尤为重要。比如说，可以充分利用现代信息技术手段，开发适合汉语学习者的客户端，每天推送相关学习资源，供学习者灵活运用；也可以针对"一带一路"建设的实际需要，更多地开设一些"短、平、快"的实用汉语培训班（如商务汉语、旅游汉语、工程汉语、外交汉语等）；还可以加强与各级各类主流学校的合作，在主流学校中更多地开办汉语选修课，或者实行联合办学，开辟学生升学的新通道。随着"一带一路"建设的加速推进，市场对精通汉语和当地语言的双语实用型人才的需求更加旺盛，对此，有条件的华校也可以积极考虑创办职业技术学校，按需培养培训专门人才，进一步打通华校学生的上升空间。2016 年 5 月 11 日，印度尼西亚国家旅游部与亚洲国际友好学院签订合作协议。根据协议，亚洲国际友好学院将在已有的中文本科专业基础上，增加旅游方向、商贸方向及师范方向的课程，旨在协助国家培养实用型人才。

国务院侨务办公室在推进传统工作手段创新的同时，积极运用新技术新手段，启动实施了"互联网＋华文教育"工程，着力打造"一网＋一盒＋一个 App"的"三个一"新平台。"一网"，就是加强中国华文教育网的建设，不断优化栏目设置，为海外华校师生的教与学提供资讯、教材、课程等专业资源，形成全链条、多元化的网上综合服务平台。"一盒"，则是与中国国际广播电台和汉雅星空公司等单位合作，研发推出"华文教育百宝盒"，通过机顶盒将数万小时的中华文化节目和华文教育课程输送到华文学校课堂上和华裔青少年的家里，截至 2017 年，已向 34 个国家和地区的华文学校配发了 2400 台"百宝盒"。"一个 App"，即"侨宝手机 App"。在这个平台上，不仅有包括华文教育在内的各类涉侨综合信息，而且还专门设有"学中文"的频道，定期推送一些优秀的教学和文化视频资源，方便家长和孩子们一起学习。[①]

此外，"海外华文教师完美远程培训"通过远程网络授课方式培训了大批海外华文教师。2016 年远程培训项目在已有的培训模式基础上整合创新，形成了"一点对全球直播＋一点对一点专属课程＋高清点播课＋网络答疑"的培训体系。截至 2017 年 3 月，"参与培训的海外华文教师 18300 余人次"[②]。

截至 2018 年 9 月，"已有五大洲 40 个国家的 1182 所华校定制

---

① 裴援平：《第四届世界华文教育大会主题报告》，2017 年 12 月 19 日，第 9 页。
② 华文教育基金会：《【责任】"华文教师完美远程培训"全球直播，反响热烈!》，搜狐网，2017 年 3 月 16 日，http：//www.sohu.com/a/129074801_288481。

了华文教师远程培训课程;全球直播课已有80多个国家的8400多位华文教师入群听课"①。

此外,华文教育基金会不断创新教学模式,利用现代科技手段,开创实景课堂。与传统口述、图片、视频授课方式不同,实景课堂教师身处实景环境之中,依托实景呈现教学内容,启发学生通过现场观察去探索世界,使学习不再停留在课本上、文字里,而是将学习内容跨越时空、立体生动地展现在学生面前,从而使全世界的华裔青少年不受时间、空间限制,远程实时共同学习丰富多彩的中华文化知识。

第四,不断提高社会化程度。长期以来,海内外各界对华文教育独特作用与重要贡献的认识不足,较大程度上存在着"圈内热、圈外冷"的现象。随着"一带一路"建设的加速推进,华文教育在促进民心相通方面的独特优势将进一步凸显,势必也会得到越来越多的关注。习近平总书记在2016年8月17日推进"一带一路"建设工作座谈会上的重要讲话,就特别指出要切实推进民心相通,推进文明交流互鉴,重视人文合作,加强"一带一路"话语体系建设等。"语言文字筑桥工程"不仅可以满足"一带一路"语言服务的基本需求,而且还可以满足各种国家战略需求,确保国家在处理国内外各类事务中都能得到语言能力的保障和支持,使语言能力成为国家实力的重要组成部分。②

华文教育是开展中文教学、传播中华文化、讲好中国故事、促

---

① 北京四中网校:《日本睦新中文学校加入"华文教师完美远程培训"》,2018年9月16日,http://huawen.etiantian.com/overseas/viewResource.action? resourceId=634231。

② 教育部:《提升语言能力 服务国家战略》,http://www.moe.gov.cn/s78/A18/A18_ztzl/ztzl_ssw/201610/t20161009_284111.html。

进民心相通的重要平台。一方面，大量的中国企业走向海外，中国同世界各国的经济交流日趋活跃；另一方面，中国文化也在国际上得到越来越多的重视，中医、武术开始走出国门，被世界接受。这些都促使各国加大了对懂汉语、了解中国文化和中国社会的"中国通"的需求，推动了来华留学的发展，也使得带有浓厚中国特色的学科吸引更多的海外华人及当地人。

2014～2017年，国侨办向"一带一路"沿线国家提供了820万册各类华文教材，占全部教材发行量的63%；为沿线国家培训华校校长和华文教师近3万人次，占全部受训人数的70%；邀请18万名沿线国家的华裔青少年和非华裔青少年参加"中国寻根之旅"夏（冬）令营、"中华文化大乐园"、"中华文化大赛"等活动，占参与此类文化体验活动孩子的60%；纳入华校帮扶体系的示范学校、困难华校、新兴华校、华星书屋和重点华教组织中，约700所（个）在沿线国家，占总数的60%以上。①

这对华文教育而言，也是加快发展的难得机遇。因此，在助力"一带一路"建设过程中，应该抓住并用好机遇，吸引更多社会资本投向华文教育领域，不断提高华文教育工作的社会化程度。比如，可以与中资企业或者当地企业合作培训双语人才。再比如，可以吸引社会资本参与华文学校的转型升级，创办中文国际学校、职业技术院校乃至民办华文高校等。又比如，有实力的华校还可以主动承接中国与所在国的重大人文交流合作项目，等等。

---

① 裘援平：《第四届世界华文教育大会主题报告》，2017年12月19日，第10页。

简而言之，不断提高华文教育的社会化程度，包含两个方面的含义。一方面，华文教育在植根"华人圈"的同时，要更多地走出"华人圈"，积极融入中国同所在国的人文交流合作中去；另一方面，华文教育要继续扩大宣传引导，吸引更多社会力量参与和支持华文学校的发展建设。

第二章　海外华文教育概况[*]

　　随着"一带一路"倡议的实施，海外华文教育发展迎来了新的历史机遇，被赋予了新的时代内涵。

　　近年来，越来越多的国家参与共建"一带一路"。根据"中国一带一路网"的统计数据，截至 2019 年 4 月 30 日，中国已经与131 个国家签署了共建"一带一路"合作文件。[①] 这为华文教育带来"黄金机遇期"，对华文教育的发展具有积极的影响。本章简要介绍部分国家的华文教育概况。

第一节　亚洲

一　东亚

1. 蒙古国

　　近年来，蒙古国学习中文的华侨华人逐年增多，汉语已成为该国主要的外语之一。随着"中文热"的升温，当地的中文教育也

---

* 李伟群,北京外国语大学华文教育部主任。
① https://www.yidaiyilu.gov.cn/gbjg/gbgk/77073.htm.

· 26 ·

呈现出蓬勃发展之势，其原因以政治、经济、文化、就业因素为主，教育政策、旅游、签证、学费等方面的因素也促进了蒙古国中文教育的蓬勃发展。

从1957年到现在，蒙古国中文教育已走过52年的历程，大体上可以分为三个阶段。1957年到1965年为初创阶段。1957年，蒙古国立大学外语系首次开设了中文课程，培养了蒙古国最早的一批中文人才。1964年，第一所由华侨华人开办的学校成立。1965年由于政治原因，中文教育被迫停止。1973年至20世纪90年代末为恢复和发展阶段。从1973年开始，中文教育逐步恢复，经过80年代的挫折和停顿后，中文教育再度兴起和发展。90年代末到现在可称为蓬勃发展阶段。随着蒙古国政治、经济改革及中蒙两国友好合作关系的深化，蒙古国中文教育事业进入快速发展的时期。

经过半个多世纪的发展，中文教育在蒙古国整个教育体系中的地位得到明显提高，在学校规模、学生数量、师资力量、课程设置、教材设备等方面都有了较大的改善。近年来，中国有关部门通过派遣志愿者及中文教师，提供教材和教学设备，组织教师访问团、举办汉语研修班，组织青少年夏令营、汉语知识竞赛等方式对蒙古国中文教育提供了多方面的帮助。

蒙古国中文教育的现状表现在以下几个方面。

（1）学校规模。目前，蒙古国有20多所中小学和30多所高校开设中文课程，这些学校主要集中在首都乌兰巴托，在此学中文的人数占了全国学习中文总人数的50%以上。进行中文教学的高校多于中小学，但后者学中文的人数多于前者；公立高校学中文的人数比私立高校少，而公立中小学学中文的人数又比私立中小学的多。其中旅蒙华侨友谊学校具有 40 多年历史，是最早开设中文课程的学校；育才中学最早由华侨和当地人合办，这两所学校现在是乌兰巴托地区最大的两所中文学校，吸收了本地学习中文的 53% 以上的中小学生。

（2）教师资源。在蒙古国的高校中，从事中文教学的教师多为本国人，中国教师比较缺乏，仅有的中国教师里也有一半是兼职，专职的中国教师不多。在从事中文教学的中小学里，中国教师相对较多，但这些中国教师多半不是科班出身或没有接受过专业训练。就教师构成而言，有当地华侨，也有从中国聘请来的老师，还有当地大学生。当地华侨华人和中国来的教师教学水平较高。有部分蒙古国教师到中国接受过短期培训，或在当地由中国的外派教师对他们进行培训。2005 年，中国向蒙古国派出第一批汉语教师志愿者。2008 ~ 2009 学年，共有 70 名汉语教师志愿者赴蒙，他们被安排在蒙古国的大中小学任教。

（3）教材方面。蒙古国中文教学使用的教材都来自中国，但在种类和数量上还远远不能满足教学的实际需要。最大的两所中文学校基本上是照搬中国的九年制义务教育教材。

（4）课程设置。蒙古国开展中文教学的中小学中只有育才学校是全日制办学，其他都是半日制，而大学则全部是全日制。全日制汉语主修科大专院校的汉语课程每周平均有 9.8 学时，开设汉语课程的一般高校一周汉语课平均学时为 10 学时。蒙古国中文学校开设的课程，基本上与当地的蒙文学校的课程一样，语文、物理、化学等课程都有开设。而针对用中文开设的课程而言，大多数中文学校开设语文、口语和语法。只有育才学校开设的汉语课程较广，除了以上这些课程和用蒙文授课的课程以外，还开设用中文授课的数学、计算机等课程。①

2. 韩国

20 世纪 90 年代，随着国际形势的缓和，在双方的共同努力下，中韩两国于 1992 年 8 月 24 日正式建立外交关系，重修睦邻友好关系，历史翻开了崭新的一页，韩国"汉语热"产生并迅速升温。

随着两国经贸交流的不断深入，韩国人学习汉语的热情也空前高涨，学习人数不断增加。20 世纪 90 年代中期，韩国来华留学生人数首超日本留学生，跃居来华留学生首位。近年来，韩国的"汉语热"持续升温，以 2008 年为例，韩国在华留学生有 66806 人，占总人数的 30%。②

截至 2007 年，韩国已有 1000 多所高中将汉语列为第二外语课程。由于韩国教育部已将汉语认定为韩国高考外语语种，高考时对学生"全国汉字能力检定试验"成绩和"汉语水平考试"（HSK）成绩都有相关的认定加分，因此选择汉语作为中学第二外语的学生数还在不断增加。以前除了华侨小学外，一般韩国小学均不开设汉语课程。但近年来随着"汉语热"不断升温，越来越多的韩国家长希望孩子学习汉语。因此一些小学也开始招聘汉语老师开设第二课堂的汉语教育。2007 年 5 月，中国新开发的"少儿汉语水平考试"在韩国首设考场，当时有 3000 多名少年儿童参加了考试。③

---

① 刘潇潇：《蒙古国的中文教育》，《华文教育》2009 年第 2 期。
② 中国高等教育学会外国留学生教育管理分会统计数据，http://cafsa.org.cn。
③ 焦毓梅、于鹏：《韩国汉语教育现状分析及发展前瞻》，《长江学术》2010 年第 3 期，第 137~138 页。

韩国光州中国华侨学校于 2006 年成立，由学校理事长马玉春先生创办。该校是韩国第一所也是目前唯一一所飘扬着中国五星红旗的华文学校，是第一所使用中国大陆语文教材、教简体字、使用汉语拼音的华文学校。在光州中国华侨学校，从小学一年级到四年级的课堂里老师们用汉语教学，孩子们用汉语回答老师提出的各种问题。墙壁四周贴满了汉语拼音和各种教育贴画。这个学校的学生全部为韩国人的子女。学生上午在韩国学校学习，放学后来华侨学校学中文。随着学校影响的越来越大，一些大的企业集团要求和马玉春先生联合办分校，马先生也表示要在韩国全国逐步建立华侨学校分校，形成规模化办学。①

二　东南亚

东南亚是华侨华人最多最集中的地区，华文教育最早可以追溯到有文字记载的 1690 年在印尼建立的明诚书院，至今有三百多年的历史，而华文教育真正地步入正轨是在 1900 年以后。在一百多年的历史中，东南亚各国华文教育受政治、经济、国际环境等因素的影响，其发展历程起起伏伏，断断续续，同时华文教育在东南亚各国的发展既存在共性又有各自特色。②

1. 新加坡

新加坡主要的族群是华人、马来人和印度人，在这些族群中，华人占绝大多数，约为总人口的 76.9%。历史上新加坡曾是英国

---

① 张兰政：《第一所飘扬着五星红旗的华侨学校——记韩国光州中国华侨学校理事长马玉春先生》，《侨园》2009 年第 4 期。

② 李福超：《柬埔寨汉语教学现状与发展探析》，四川师范大学硕士学位论文，2015，第 4 页。

的殖民地，1965 年新加坡宣布独立。受多元文化理念的影响，加上新加坡社会总是在不同社区、不同场合通行着不同族群自己的民族语言，英语、马来语、汉语和泰米尔语在新加坡都是官方语言，英语同时还是行政用语。在这样一个华人人口占比仅次于中国的华人最集中的地方，汉语教学按理应该是占有重要地位的，但现实是，在这个华人占绝大多数的国家，占主导地位的却是英语，汉语不断地受到挑战，甚至一度衰退。

直到近二十多年来，随着语言政策的调整，汉语教学的衰退才稍许有些延缓。新加坡当局一方面出于文化认同与传承的需要，另一方面也由于中国国际地位的提升、汉语将成为世界主流语言等，一改过去对汉语教学冷漠的态度，把加大汉语教学的力度、培养汉语精英作为新时期语言政策的重要内容，并采取了一系列的改革措施。第一，在中小学扩大以汉语为第一语言的学校范围。新加坡教育部在成功地实施特选中学英语和汉语并列为第一语言的基础上，又在 15 所小学实行汉语为第一语言、英语为第二语言的教学，与此同时，还在 170 多所幼儿园开设了汉语拼音课，让儿童从小就打下学习汉语的基础。

第二，在高等院校开展中华语言文化的教学与研究，使汉语教学从幼儿园到大学衔接起来，形成一个较完整的汉语教学系统。比如南洋理工大学就设有中华语言文化中心，并开设了中华语言文化课，让学生自由选修。理工大学所属的国立教育学院则设有中国语言文化系，成功地为新加坡培养了一批汉语教学与研究人才。新加坡国立大学也设有汉语研究和教学中心，让该校的学生选修汉语。

第三，对汉语教学进行改革。新加坡当局为了提高汉语教学的质量，还从多角度入手推行汉语教学改革，主要包括对不同程度的学生开展因材施教。在中小学实行创意教学法，激发学生学习汉语的兴趣。精简课文，在小学推行更具有伸缩性的单元副课程。修改汉语考试的评估方式等。这些教学改革措施确实在一定程度上提高了汉语教学的效果，为新加坡中小学生掌握汉语提供了帮助。

第四，政府还提供奖学金让学生到中国高校深造，鼓励汉语教师前往中国高校学习语言文化课程。[1]

新加坡是华族人口占大多数的国家，华文教育从开创华侨私塾崇文阁算起，至今已有150余年的历史。新加坡首先把华文学校推向了产业化与国际化，华文教育的信息化在东南亚国家处在领先地位。目前，虽然新加坡各学校中华语为第二语言，但87%以上的华人能讲流利的普通话，75%以上的华人公务员通过了华语会话考试。新加坡不仅引进高水准的华文教师，而且对本国华文教师进行多渠道的培训。除《联合早报》和《联合晚报》两家大报外，还有40多家华文报刊。[2]

2. 马来西亚

马来西亚华文教育发轫于18世纪初，学校多为民办私塾。1904年，槟城创办了第一所华文学校——中华学堂。经过多年的努力，马来西亚华文教育形成了一个从小学、中学到大学（"华文小学—华文独立中学—民办高等院校"）的比较完整的华文教育体

---

[1] 郑通涛、蒋有经、陈荣岚：《东南亚汉语教学年度报告之四》，《海外华文教育》2014年第4期，第339页、第341页。

[2] 杨源：《东南亚华文教育发展现状、趋势及原因》，《沙洋师范高等专科学校学报》2010年第3期，第65页。

系。据统计，2012 年，马来西亚华文教育体系内，有 1357 所华校，学生总数逾 66.6 万人，即 1294 所华文小学有 59.1 万名学生，60 所华文独立中学有 7 万名学生，3 所民办华教高等学府有 5000 名学生。①

其中，华文小学已于 1958 年接受马来亚政府的资助而被纳入国民教育体系。但是，华文小学仍由华社设立的董事会负责管理。1957 年、1961 年和 1996 年的教育法令，都承认和规定华文小学董事会是管理华文小学的机构。② 因此，华文小学也被视为华文教育体系的组成部分。

华文独立中学是在 1962 年实施"中学改制"中留存下来的，它们不愿接受政府教育津贴，仍继续以华文为主要教学语言。1973 年成立的"董教总全国华文独中工委会"是全国 60 所华文独中的统一领导机构，负责提供独中办学咨询，规划统一课程，编纂统一教材，举办统一考试，统筹师资培训业务，提供学生升学辅导等。

1967 年，马来西亚教育部宣布，从 1968 年开始，只有拥有剑桥文凭或马来西亚教育文凭的学生，才能出国深造。此举旨在进一步限制华文独中。为此，马来西亚华社发起了创办华文大学的运动。直到 1990 年以后，南方学院（1990 年）、新纪元学院（1997 年）和韩江学院（1999 年）才陆续获准创办。2012 年、2013 年，南方学院和新纪元学院先后获准升格为大学学院。

---

① 〔马来西亚〕叶新田：《马来西亚华文教育的现况与展望》，丘进主编《华侨华人研究报告（2013）》，社会科学文献出版社，2014，第 272 页。

② 〔马来西亚〕叶新田：《马来西亚华文教育的现况与展望》，丘进主编《华侨华人研究报告（2013）》，社会科学文献出版社，2014，第 284 页。

2016 年 1 月 29 日，马来西亚行动方略联盟改制中学委员会、马来西亚国民型华文中学发展理事会及马来西亚国民型华文中学校长理事会为促进国民型华文中学的未来发展，共同编拟《国民型华文中学行动路线图》。①

2016 年 2 月，马来西亚华校董事联合会总会（以下简称"董总"）介绍 2016 年重点计划之一，欲全面检讨 2005 年发布的马来西亚华文独立中学（以下简称"独中"）教育改革纲领，并且希望初步拟定的纲领可在年内出台。"独中"推行中华文化，此次教改将利于华文教育在马来西亚更好地发展。据悉，为配合 2017 年至 2018 年"独中"教育大蓝图，"董总"陆续招揽 30 名包括博士、硕士在内的教育专业人士，从事研究专案、课纲、课程修订。董总主席拿督刘利民对此做出回应，"独中"是华文教育的重要平台，承载着传承中华文化的重任，虽独具长处和优势，不一定能被国际学校取代，但也不能原地踏步。"独中"教改做得好，将提升整体教育水平、竞争力等。

有关报道称，虽然早期"独中"华文教育更注重传承中华文化，但是时移势易，如今的就读学生更偏重实际需求，此次教改欲与国际接轨的态度，得到社会普遍认可，而具体的成效值得保持关注。②

2016 年 5 月 15 日，大马董总宣布 3 年拟定出华文独中十年教育蓝图。《马来西亚华文独中教育蓝图》为期 10 年，即从 2018 年

---

① 林连玉基金，http：//llgcultural.com/% E5% 9B% BD% E6% B0% 91% E5% 9E% 8B% E5% 8D% 8E% E6% 96% 87% E4% B8% AD% E5% AD% A6% E8% A1% 8C% E5% 8A% A8% E8% B7% AF% E7% BA% BF% E5% 9B% BE/。

② 邵琳琳：《马来西亚"独中"教改 华文教育能否推陈出新？》，新华网，http：//www.xinhuanet.com/abroad/2016－02/22/c_ 128739545.htm。

到 2027 年。董总在 2005 年曾公布《华文独中教育改革纲领》，但没有实际执行，时隔约 10 年，在全国华文"独中"校长交流会上，"独中"校长纷纷指出"独中"教育需要与时俱进且应进行教育改革。

董总为此特别设立"华文独中教育蓝图"专案小组，以集结专家学者和华教办学者，全面检讨 2005 年发布的《华文独中教育改革纲领》，针对全国华文"独中"的现况进行普查，征集华文"独中"董事、校长、教师、学生、家长、校友及关心华文教育人士的宝贵意见。①

3. 菲律宾

1899 年 4 月，清廷驻菲律宾领事陈纲在菲律宾领事馆创建了第一所新式华侨学校——小吕宋华侨中西学校。学校当时仅开设中文一门课，主要讲授四书五经和尺牍。② 之后，菲律宾华文教育快速发展。据统计，到 1924 年，全菲有华校 32 所；③ 到 1941 年，全菲华校达 126 所，在校生增至 2.1 万余人。④ 1942 年至 1945 年间，受日本侵占菲律宾影响，华校大多停办。二战结束后，华社纷纷复办、兴办华校。到了 1973 年，全菲律宾已有华校 154 所，在校生 6.8 万人，教师 4000 人。⑤

1973 年 1 月，菲律宾通过新宪法。根据该宪法，时任菲律宾

---

① 国际汉语教师协会：《大马董总宣布 3 年拟定出华文独中十年教育蓝图》，http://www.itact.com.cn/hyzx/2016/0517/6397.html。

② 耿红卫：《菲律宾华文教育的历史沿革及现状》，《八桂侨刊》2007 年第 1 期，第 42 页。

③ 吴端阳：《菲律宾华文教育的历史演变及其振兴对策初探》，《教育研究》1996 年第 2 期，第 75 页。

④ 王海伦：《华文教育在东南亚之展望》，台北："中央"日报社出版部，2000，第 63 页。

⑤ 吴端阳：《菲律宾华文教育的历史演变及其振兴对策初探》，《教育研究》1996 年第 2 期，第 76 页。

总统马科斯于当年4月颁布了第176号法令，对全菲华校实行"菲化"。三年过渡期之后，到了1976年，全菲95%的华校实现了"菲化"，被纳入了菲律宾国民教育体系。[①] 此后，中文只能作为选修课，每天上课时间以两小时为限。中学的中文课程也必须遵循菲律宾的政策规定，将学制改为四年。

20世纪90年代以后，受国际、国内形势的影响，在菲律宾华社的努力下，菲律宾华文教育逐渐从"菲化"政策的影响中走出来，积极探索适合自身的发展道路。作为依法设立的私立学校，目前全菲有华文学校170所（由华人开办，开设有华语课），其中由幼儿园至中小学一体化的华校有130所，小型幼儿园40所。[②] 学制基本延续了"菲化"后的状态，即幼儿园4年、小学4年、初高中4年。目前，菲律宾已有25所大学开设了汉语选修课，学习汉语的学生超过2000人。华文教育机构主要有菲律宾华文教育研究中心（1991年成立，简称"华教中心"）、菲律宾华文学校联合会（1993年成立，简称"校联"）以及菲华商总文教委员会（1994年成立）。现有《世界日报》等四家影响较大的华文报纸。[③]

4. 泰国

据《新编暹罗[④]国志》记载："据说在曼谷王朝拉玛一世

---

① 耿红卫：《菲律宾华文教育的历史沿革及现状》，《八桂侨刊》2007年第1期，第44页。

② 〔菲律宾〕黄端铭：《菲律宾华侨华人的留根工程——菲律宾华文教育》，丘进主编《华侨华人研究报告（2013）》，社会科学文献出版社，2014，第223页。

③ 杨源：《东南亚华文教育发展现状、趋势及原因》，《沙洋师范高等专科学校学报》2010年第3期，第64页。

④ 暹罗是泰国的旧称，参见中国社会科学院语言研究所编《新华字典》，商务印书馆，2011，第536页。

（1782～1809 年在位）时代，泰国华侨在大城府阁良区创办一所华文学校。该校有可容 200 人的教室，后该校停办。"① 1909 年，同盟会在泰国创办国文学堂，后改名为初步学堂。1910 年，潮州、客家、广肇、福建、海南籍华侨合办新民学校，潮州籍华侨又兴办了大同学校、南英学校。② 之后，华文教育在泰国逐渐发展起来，至 1938 年，泰国有各类华校 293 所，教师 492 人，学生 16711 人。1939 年，銮披汶推行"泰化运动"和"大泰族主义"，限制华文教育发展。至 1940 年，已有 51 所华校宣布停办。所剩 242 所华校被当局以违反民校条例为借口全部查封，仅剩下 2 所兼教中文。③

二战结束后，泰国华社掀起了一轮复办华校的热潮。据统计，1948 年允许注册的华校达 426 所，在校生 6 万人。④ 这股热潮随着銮披汶的再次执政宣告结束。随着各种限制法令的出台和实施，泰国的华文教育日渐萎缩。20 世纪 90 年代初，泰国的华文学校仅百余所（1992 年为 129 所⑤），且只能在一年级至四年级开设汉语课，每周课时控制在 5 小时之内。

20 世纪 90 年代以来，泰国政府逐渐放宽了华文教育政策，华

---

① 《泰国的中文民校》，载《泰国佛丕府乐然台揭幕纪念特刊》，1985 年 11 月 3 日，第 173 页。转引自傅增有《泰国华文教育历史与现状研究》，《华侨华人历史研究》1994 年第 2 期，第 22 页。

② 原载洪林的《泰国华文学校史》，转引自李谋《泰国华文教育的现状与前瞻》，《南洋问题研究》2005 年第 3 期，第 60 页。

③ 傅增有：《泰国华文教育历史与现状研究》，《华侨华人历史研究》1994 年第 2 期，第 23 页。

④ 傅增有：《泰国华文教育历史与现状研究》，《华侨华人历史研究》1994 年第 2 期，第 23 页。

⑤ 傅增有：《泰国华文教育历史与现状研究》，《华侨华人历史研究》1994 年第 2 期，第 24 页。

文教育在泰国迅速发展起来，"汉语热"持续升温。从幼儿园、小学到高中均可教授汉语。1998 年，泰国教育部批准汉语作为大学入学考试的一门外语课程，进一步激发了学生学习汉语的兴趣和热情。汉语教育已经超越了华文民校和华社的范畴，越来越成为泰国社会的一种普遍共识。据估计，目前泰国有比较正规的华文民校、华文学校 600 多所，各类商业性质的华文补习班、培训班、夜校等上百所。① 此外，泰国的许多公立中小学、大中专院校以及私立职业技校等都纷纷开设汉语课程。

5. 老挝

20 世纪初，老挝已开始出现私塾教授华文。1929 年，老挝巴色（华侨华人称之"百细"）客家帮创办了第一所正规华校——崇正学校。此后，老挝的沙湾拿吉、万象、他曲、琅勃拉邦等地华社也相继创办华校。至 20 世纪 40 年代，老挝的华文教育进入鼎盛期，有各类华校 20 多所，学生达数千之众。② 与不少东南亚国家一样，20 世纪七八十年代，老挝的华文教育也步入了低谷。进入 90 年代后，老挝华侨华人的地位得到改善，各类社团得以恢复和发展，其中就包括华文学校。至 90 年代中期，老挝复办的华文学校已有 4 所（万象寮都公学、百细华侨公学、沙湾拿吉省崇德学校和琅勃拉邦省新华学校），学生总数约 2000 人，占老挝全国华人总数的约五分之一。③

目前，老挝有各类华校 8 所，分别是：万象寮都公学（创办于 1937 年）；百细华侨公学（创办于 1929 年）；沙湾拿吉省崇德

---

① 蔡昌卓主编《东盟华文教育》，广西师范大学出版社，2010，第 329 页。
② 国务院侨务干部学校编著《华侨华人概述》，九州出版社，2005，第 82 页。
③ 蔡昌卓主编《东盟华文教育》，广西师范大学出版社，2010，第 121 页。

学校（创办于 1931 年）、琅勃拉邦省新华学校（创办于 1943 年）；甘蒙省他曲华侨学校（创办于 1945 年）；乌多姆塞省寮北学校；南塔省寮龚华文学校（创办于 2006 年）；波乔省程自德老中华文学校（创办于 2011 年）。

老挝政府允许华校复办时规定，华校不能只搞华文教育，也要完成老挝教育部规定的中小学必修课程。因此，目前老挝的华文教育实行的是中文和老文并重的双语教学。老挝华文学校提供了从幼儿园、小学、初中直至高中的教育体系，这种"一校兼容"的教育体系有效地避免了生源的流失。①

寮都公学创办于 1937 年，是一所华侨集体公办华文学校，开设幼儿园至高中课程，以中老双语教学而闻名，在校生人数 2800 余人。2016 年 9 月 9 日，中国国务院总理李克强在老挝正式访问期间，参观万象寮都公学，代表中国政府向学校赠送了电脑、书籍和体育用品，深情寄语广大师生。他表示，中老双语教学为增进两国人民理解、深化友好合作培育了一代又一代学生，成为中老友谊的桥梁。中老同饮一江水，不仅有牢固的政治互信，更有长久深厚的友谊和密切的人文往来。两国进一步深化人文交流，要依靠广大师生，希望学校越办越好，希望中老友谊如桃李般芬芳东盟、芬芳世界。

6. 文莱

文莱的第一所华校是创办于 1918 年的育才学校（即文莱中华中学的前身）。此后，各地陆续创办华文学校。至 1970 年，文莱华

---

① 罗华荣：《老挝华文教育别具一格》，《人民日报》（海外版）2006 年 8 月 18 日，第 6 版。

文学校增至 11 所。后因城市化进程，一些农村小学被关闭。到 2004 年，剩下 8 所，并维持至今。① 目前，文莱有 8 所华文学校（3 所中学，5 所小学），学生约 6000 余人②，8 所学校分别是：文莱中华中学（创办于 1918 年）、马来奕中华中学（创办于 1931 年）、诗里亚中正中学（创办于 1938 年）、都东中华学校（创办于 1937 年）、那威中华学校（创办于 1946 年）、淡布隆华文培育学校（创办于 1949 年）、九汀中华学校（创办于 1951 年）、双溪岭中岭学校（创办于 1955 年）。

特别值得一提的是，1956 年至 1969 年间，文莱政府曾实施华校津贴制度，规定行政经费、教职员工薪金、添置教具与仪器及大规模修建费用，政府与董事会各负担一半。③ 1970 年政府取消华校津贴制度后，华校办学经费除收取学生学费外，还需要华社热心人士的慷慨捐赠。

从 1992 年开始，文莱政府规定，全国所有私立学校均需遵循双语政策，即教学语言以马来语和英语为主，学生参加政府组织的会考。文莱华校属私立学校性质，因此在遵守文莱教育部规定的同时，还将中文列为小学和初中的必修课，即实施"三语教育"模式。

学校的规模以文莱中华中学最大，全校学生达 3000 多人，而诗里亚中正中学和马来奕中华中学两校的学生总人数只有 1000 多人。5 所小学的学生人数较少，8 所华校的学生总数达 6000 多人。

---

① 蔡昌卓主编《东盟华文教育》，广西师范大学出版社，2010，第 14～16 页。
② 黄耀东：《东南亚华文教育现状和出路》，《东南亚纵横》2010 年第 1 期，第 75 页。
③ 蔡昌卓主编《东盟华文教育》，广西师范大学出版社，2010，第 15 页。

文莱的华校除经费完全自主外，课程、教学语言、教师的聘请、学费的多少均受教育部的管辖，各阶段的毕业考试和政府创立的公立学校一样，学生们必须参加教育部统一的会考。

华校除了要遵循马来语和英语的双语教育政策外，另将华文定为从小学一年级至中学五年级的必修主科。而在学校行政、课外活动和人际沟通上则是华文、马来语和英语三语并用，这是文莱华文学校的一大特色。文莱华校的另一特色是，越来越多的非华裔子弟进入华校就读，而且大多数从幼儿园开始接受华文教育。

文莱的华文学校都是华人自己创办，属私立，办学经费主要靠华人赞助。每年会馆都要捐赠上百万文元用于维持华校的运转。

文莱国内没有华文报刊，但马来西亚的华文报刊如《诗华日报》等都在文莱设有办事处，每天都出文莱专版，深受文莱华人的欢迎。①

7. 缅甸

早在 1872 年，缅甸仰光就有华侨开设私塾、蒙馆，进行传道授业。② 1903 年，福建籍华侨在仰光创办了第一所正规华校——中华义学。③ 此后，虽然缅甸局势不断变化，但华文教育总体上呈发展态势。据统计，到 1942 年日军占领缅甸前，缅甸已有华校 300 所，在校生 20000 余人。④ 1942 年至 1945 年期间，由于日军推行

---

① 万晓宏：《文莱华人现状分析》，《东南亚研究》2004 年第 5 期，第 83 页。

② 范宏伟：《缅甸华文教育的现状与前景》，《东南亚研究》2006 年第 6 期，第 71 页。

③ 林锡星：《缅甸华文教育产生的背景及发展态势》，《东南亚研究》2003 年第 3 期，第 69 页。

④ 蔡昌卓主编《东盟华文教育》，广西师范大学出版社，2010，第 195 页。

奴化教育，各地华校相继解散或停办。随着日军被打败，缅甸各地纷纷复办或新办华校，到 1948 年缅甸独立时，华校数量恢复到 200 多所，在校生约 18000 人。[1] 到 1962 年，缅甸华校数量增加到了 259 所，学生人数达 39000 名。[2]

1965 年 4 月，缅甸政府颁布了《私立学校国有化条例》，将包括华校在内的全部私立中小学收归国有。1967 年又颁布了《私立学校登记条例修改草案》，规定除单科补习学校外，不准开办其他一切形式的私立学校。一些华文教师和老侨则转为在各地开办家庭式华文补习班。1967 年仰光发生 "6·26" 排华事件后，华文补习班也被禁止。这样，正规的华文学校便在缅甸销声匿迹了。

20 世纪 80 年代初，缅北地区的华社开始以讲授佛经的名义开办华文补习班，华文教育开始在缅甸缓慢发展起来。进入 20 世纪 90 年代以后，尽管缅甸华文教育仍受到多方限制和制约，但由于中缅关系的日益改善和加强，以及缅甸经贸发展的需要、华文国际地位的提高等种种原因，缅甸华文教育又得到了较大发展，呈现多元化恢复的态势。[3]

由于缅甸华文学校尚未得到政府的正式认可，因而也就没有被纳入当地国民教育体系，而学生们又必须入读缅校接受缅甸国民教育，所以，他们只能错开时间，利用缅校上午上课之前和下午下课之后的时间到华校学习华文。只有在缅校放暑假期间，华校才能实

---

[1] 蔡昌卓主编《东盟华文教育》，广西师范大学出版社，2010，第 196 页。

[2] Douglas. P. Murray, Chinese Education in Southeast Asia, *The China Quarterly*, No. 20, Oct-Dec. 1964, p. 79.

[3] 蔡昌卓主编《东盟华文教育》，广西师范大学出版社，2010，第 198 页。

行全日制教学。

8. 柬埔寨

早在清朝同治年间，就有华侨在柬埔寨金边开设私塾。1914年，潮州帮会在金边创办了第一所正规华文学校——端华学校。之后，其他帮会也陆续创办了各自的华文学校。据统计，至1936年，全柬已有华文学校85所，教师124人，学生3339人。[1] 20世纪五六十年代，柬埔寨华文教育进入快速发展的黄金期。据统计，至20世纪60年代，全柬华校超过200所，学生已逾5万人。[2] 20世纪七八十年代，受柬埔寨国内局势的影响，各类华校被迫关闭，华文教育进入空白期、困难期。

进入20世纪90年代以后，由于国际局势和柬埔寨国内形势发生了新变化，柬埔寨华文教育重获新生，迎来恢复、发展期。1990年柬埔寨官方宣布同意建立华文学校，当年10月，磅湛省的启华学校率先复课。其余各地的华社也纷纷开展复课或新建华校的工作。至1995年，全柬已有各类华文学校60多所，在校生5万多人。[3]

截至2013年，柬埔寨共有华校68所，在校人数5万多人。其中最大的华文学校是1914年成立的端华学校，分为正校和分校，有近两万名学生，另外金边崇正学校、集成学校学生人数达到2000人左右，其他省市的华校学生人数从几十人到几百人不等，这些华文学校是柬埔寨华文教育百年发展的成果。[4]

---

① 国务院侨务干部学校编著《华侨华人概述》，九州出版社，2005，第79页。

② 蔡昌卓主编《东盟华文教育》，广西师范大学出版社，2010，第48页。

③ 江河：《柬埔寨的华文教育》，《八桂侨史》1996年第1期，第27页。

④ 李福超：《柬埔寨汉语教学现状与发展探析》，四川师范大学硕士学位论文，2015，第4页。

柬埔寨华校实行半日制教学，即半天就读柬文学校、半天入读华校。这种学制的好处是华侨华人子女双语并修，有利于长期生存发展，融入当地主流社会，弊端是上课时间受限，故只能以华文、数学为重点，其他诸如物理、化学等课程，则被大量压缩，有的甚至不予开设，学科严重不齐。[①] 除私立学校外，柬埔寨华社创办的华校大多由柬华理事总会进行统筹管理，故较为统一和完善，形成了一套比较完整的教学和管理体系。

9. 越南

越南是东南亚重要的华人分布国，越南第四次人口普查显示，2009 年 4 月，越南华人人口为 82.3 万（其中胡志明市有 41.4 万），在该国 54 个民族中排第六位。[②]

越南华文教育兴起于近代，尤以华人众多的西堤地区（今胡志明市第五、第六郡一带）最盛。如今，越南的华文教育主要有以下三类形式。

（1）华文中心。这是当今越南一种特殊的华教单位，一般存在于华人子弟较集中的区域，附属于普通中小学，由普通学校校长兼任校长，但教学上相对独立。华文中心大多采用半日制，每天下午向华人子弟教授华文，并附加音体美等科目，教学语言为粤语和汉语普通话，办学经费主要来自学生学费及董事会的部分资助。较知名的华文中心有胡志明市第五郡的陈佩姬、麦剑雄华文中心，第

---

① 文红欣、王贤森：《柬埔寨华文教育的现状与发展》，《九江学院学报》（哲社版）2004 年第 4 期，第 94 页。

② 《越南 2009 年人口总调查结果》，http：//www.gso.gov.vn/default.aspx？tabid = 512&idmid = 5&ItemID = 10798，2010。

六郡的颖川华文中心，第十一郡的礼文华文中心等。① 截至 2010 年 12 月，胡志明市共有 185 所外语中心，都是利用业余时间给学生上课，其中华文中心有 46 所。这些华文中心的课程比较丰富，学生可以自己选择学哪个班、哪个教程既符合他们原有的汉语水平，又可以很好地为他们的工作服务。越南全国有十所大学设有中文系，仅胡志明市就有 3 所大学，分别是胡志明市社会人文大学、胡志明市孙德胜半公大学、胡志明市师范大学。②

（2）越华学校。近年来，越南华人个体或社团还筹资兴办了一些越华双语学校。如坚江省华人余宜开、黄长江通过出资捐地于 2009 年兴建了该省首座民办双语学校——明正越华学校。胡志明市还开办了新堤岸幼儿园、立人国际学校等越华英三语学校。这些学校大多有自己的校舍和教学设备，且采取全日制办学。同华文中心不同，越华学校除华文班外还开设越文班，且华文班也要进行一定的越文教学。

（3）华文培训班。此类机构近年来在民间迅速兴起，主要面向需要提高华文水平的职场人士，常聘请中国老师教学，突出华文的实际运用，并开设电脑、商贸、会计等职业技能培训，受到了广泛欢迎。③ 如 2002 年成立的胡志明市商业华语培训中心到 2012 年时已有 1 所正校、5 所分校、80 名教师、140 个班，共 2000 名学生。④

---

① 衣远：《越南华文教育发展现状与思考》，《东南亚纵横》2014 年第 7 期，第 50 ~ 51 页。

② 裴雪页：《越南胡志明市华人教育现状》，广西大学硕士学位论文，2011，第 21 页。

③ 衣远：《越南华文教育发展现状与思考》，《东南亚纵横》2014 年第 7 期，第 51 页。

④ 《胡志明市商业华语培训中心庆祝教师节》，《西贡解放日报》（华文），2012 年 11 月 20 日，第 1 版。

如今，越南的华教事业虽尚未恢复到全盛时期的局面，但已取得了不少成果：从事各类华文教学的教师人数已超千人；2009年，仅胡志明市就有32615名华人达到普通中学水平，有15941名华人青少年在49所小学和华文中心的537个班级接受华文教育。①

2016年9月下旬，越南教育与培训部公布了一项新计划，提议从2017年起将汉语、俄语和日语增列为初级教育的第一外语，与英语享有同等地位。

这份关于2016～2020年外语教学和研究的提议，规定第一外语为必修语言。越南三到十二年级的学生可从英语、法语、汉语、俄语和日语中任选一门，第二外语为选修语言，可从五门必修外语和德语、韩语中选择一门。为此，该部门还将设立五门第一外语的十年课程表。

越南中部的顺化外国语大学中文系副主任阮氏林秀接受当地媒体采访时说，将中文列为第一外语有助于越南学生更好地理解中国，也为他们未来求职提供了良好的机会，因为目前越南非常需要会说汉语的工作人员。②

10. 印度尼西亚

1998年，随着苏哈托政权的垮台，印度尼西亚限制华文教育发展的政策开始松动。瓦希德、梅加瓦蒂和苏西洛政府均主张建立多元化社会，调整了华文教育政策，华文教育朝着合法化和规

---

① 《胡志明市有3万2615名华人达普通中学水平》，《西贡解放日报》（华文），2009年2月5日，第1版。

② 《越南教育部提议将汉语列为初级教育第一外语》，中国社会科学网，2016年9月29日，http://www.cssn.cn/yyx/yyx_ yyshdt/201609/t20160929_ 3220743. shtml。

范化方向健康发展。一方面，印尼政府加强了与中国在华文教育方面的合作。1999 年印尼教育部成立了华文教育协调处，积极开展推动华文教育工作。另一方面，印尼政府提升了华文教育的社会地位，将汉语纳入国民教育体系，作为初高中的选修外语课程。

目前，印尼各地有 300 多所华文补习学校，有 100 多所中小学和幼儿园开展了汉语教学，有 30 多所大学开展了汉语教学或汉语补习活动。现有华文报刊 10 多家，如《印度尼西亚日报》《新生日报》等，有华文电视台和华语广播电台各一家。[①]

2016 年，印度尼西亚巴厘岛乌达雅纳大学拟设中文专业。2016 年 8 月 8 日，中国驻登巴萨总领事胡银全前往印度尼西亚乌达雅纳大学访问。该校校长苏阿斯蒂卡表示，近几年来巴厘岛的中国游客不断增多，在巴厘岛引发了"中文热"，乌达雅纳大学正在积极筹划开设中文专业，希望能够得到中国驻登巴萨总领事馆的支持。2016 年 5 月 11 日，印度尼西亚国家旅游部与亚洲国际友好学院签订合作协议。根据协议，亚洲国际友好学院将为印尼特别是苏北省旅游业提供汉语普通话语言人才培训。亚洲国际友好学院将依照旅游部制定的一系列导游专业计划进行人才培训。亚洲国际友好学院将在已有的中文本科专业基础上，增加旅游方向、商贸方向及师范方向的课程，旨在协助国家培养实用型人才。这样，汉语教学和学习者的专业学习及专业能力的提升结合起来，有助于探索一条新的华文教学路径。

---

① 杨源：《东南亚华文教育发展现状、趋势及原因》，《沙洋师范高等专科学校学报》，2010 年第 3 期，第 64 页。

三 南亚

1. 印度

据全印华侨华人协会理事、班加罗尔侨商会会长陈冰介绍，目前印度学生学习汉语的热情高涨，但是缺乏专业的汉语机构。因此，民间或高校进入印度开展汉语教学是比较适宜的。据介绍，目前在印华侨华人只有约5000人，其中3000多人在加尔各答，1000多人在孟买，不到500人在新德里，其余分布在海得拉巴和班加罗尔等地。

华文学校、华文报纸和华人社团是海外华侨社会的三大支柱。印度华侨从20世纪20年代到50年代，先后创办了13所华文学校，进行民族传统文化的教育和传承，其中有8所建于加尔各答。① 加尔各答"中国城"里最负盛名的华文学校——培梅中学，曾经有1000多名学生，但2011年时已经没有学生了。②

2016年，由中国国际广播电台策划制作的大型学汉语媒体产品《你好，中国》印地语、泰米尔语双语光盘在印度首都新德里发布。《你好，中国》选取代表中国传统文化精髓的100个汉语词，从不同侧面解读了中国文化。③

2. 巴基斯坦

巴基斯坦中巴文化教育中心校长马斌介绍，巴基斯坦华文教育

---

① 张秀明：《被边缘化的群体：印度华侨华人社会的变迁》，《华侨华人历史研究》2008年第4期，第11页。

② 邹松：《走访印度最大华人社区：印度为何留不住华人心？》，人民网－环球时报，2015年7月13日，http://chinese.people.com.cn/n/2015/0713/c42309－27294753.html。

③ 何星宇、杨漪峰、赵江、毕玮、孙洋：《〈你好，中国〉印地语泰米尔语光盘在新德里发布》，网易新闻，2016年4月5日，http://news.163.com/16/0405/08/BJSG6MCC00014JB5.html。

开始于 2013 年，目前华校仅有一所，有 168 名华人华侨子弟，100 多位巴基斯坦籍学生。2018 年，华校与使馆一起举办了警务培训班；此外，华校还开设两个商务班，共 40 位学员。

3. 孟加拉国

2016 年 10 月，孟加拉国达卡大学现代语言学院中文系正式获批设立，这是孟加拉国高等院校首次设立汉语本科专业，设文学学士学位，学制四年。该专业运行前五年所需教师等教学资源将由孔子学院提供。

该专业的设立在孟加拉国乃至南亚国家和地区开了先河，是汉语国际教育进入孟加拉国国民教育体系的重要标志，也是汉语国际教育在孟加拉国迈出的突破性和实质性的一步。[①]

4. 斯里兰卡

2018 年 3 月 20 日，斯里兰卡中国文化中心与科伦坡华助中心联合举行了第二期中文学习班开班仪式暨科伦坡华助中心中文学习班揭牌仪式。科伦坡华助中心与斯里兰卡中国文化中心共同举办的第一期中文学习班于 2017 年 12 月开班，主要招收适龄华裔儿童，为零起点的基础班。开班以来，进展顺利，广受欢迎。第二期中文学习班主要针对有一定中文基础的孩子，在巩固基础的同时，进一步提高其中文水平。

中国驻斯里兰卡大使馆政务参赞庞春雪表示，中文学习班有非常好的学习氛围，从孩子们脸上的笑容也看到了这个学习班的效果和意义。今后中文学习班如有困难，使馆也会给予积极帮

---

① 孟加拉国达卡大学孔子学院：《达卡大学设立孟加拉国第一个汉语本科专业》，国家汉办新闻中心，http：//www. hanban. edu. cn/article/2016 - 10/17/content_ 660535. htm。

助。华助中心樊金跃和文化中心缪金芳也分别从各自角度介绍了双方合作办班的情况，并表示将共同努力把中文学习班办得越来越好。①

2018年10月23日，由中国华文教育基金会组织的"2018中国华文教育基金会名师亚洲巡讲团"抵达斯里兰卡科伦坡，开展了为期两天的华文师资培训和讲学交流活动，并介绍了华助中心开办中文学习班的详细情况。

为了实现海外华人子女希望接受汉语教育的愿望，科伦坡华助中心在中国驻斯里兰卡大使馆的大力支持下，向国务院侨办申请了汉语外派教师，联合斯里兰卡中国文化中心开办了专为华人孩子服务的中文学习班，教学内容基本与国内小学教学内容相同。与此同时，为了能让长期定居于斯里兰卡的孩子能够更好地了解中国传统文化知识，特地聘请兼职教师定期开展一些中国特色传统文化的学习活动，比如书法及国学课程，以便让长久在外的孩子能记住自己的"中华根"。斯里兰卡华侨华人联合会会长张旭东讲道："我们的兼职教师不计报酬，奔波两市，往返三百余公里，为了给孩子们上一节书法课、国学课，付出良多。"

活动期间，中华人民共和国驻斯里兰卡大使馆领事部王克启认为此次华文教育巡讲活动意义重大，是促进海外侨胞传承中华文化、保持民族特性的重要举措。②

---

① 斯里兰卡中国文化中心：《斯里兰卡中国文化中心与科伦坡华助中心联合举行第二期中文学习班开班仪式》，2018年3月26日，http://cn.chinaculture.org/pubinfo/200001003002001/20180326/405c14c268934fe080d674b99054be5d.html#。

② 广东省中山市实验小学蓝波湾学校网站：《教好华二代守住中国根——2018中国华文教育基金会名师亚洲巡讲团到斯里兰卡开展名师巡讲》，2018年10月26日，http://www.zssy.net/info/663917.jspx。

四 中亚

新华网 2014 年调查研究显示,哈萨克斯坦有华侨华人约 40 万。其中占绝大多数的哈萨克族华裔与当地主体民族哈萨克族为同源民族,与当地主流社会融合程度最高。哈萨克斯坦华裔在中哈政治、经济和文化交流方面,有着自身独特的影响力。[①]

吉尔吉斯斯坦有少数民族华侨华人约 12 万人,主要居住在首都比什凯克,其余分布在奥什市、卡尔帕塔等地。

在华文教育方面,吉尔吉斯斯坦国立民族大学最早开设中文系。1991 年该大学设立了中文系,同年吉尔吉斯斯坦女子师范大学开设了汉语课程。1992 年吉尔吉斯斯坦比什凯克人文大学也设立了中文系。2006 年秋季,在中国国家汉办和比什凯克人文大学的共同努力下,人文大学成立了中亚地区第一个汉语水平考试中心,截至 2010 年共承办了 6 次不同级别的汉语水平考试(HSK),有 1200 多人次参加了考试。

随着中国国际地位的迅速提升,吉尔吉斯斯坦的"汉语热"逐渐升温,汉语目前已经成为该国最重要的外语。近几年,只要有条件的院校都开始开设汉语课程,以满足学生学习汉语的要求。据不完全统计,截至 2010 年吉尔吉斯斯坦境内有 13 所大学和 7 所中学开设了汉语课程,在校学生超过了 4000 人,比四年前增长了近 7 倍。目前,吉尔吉斯斯坦华文教育教材超过 20 种,打破了一套教材一统天下的局面,每种课型都有多种教材可供教师选择。[②]

---

① 王斌、刘宏宇:《哈萨克斯坦华裔留学生"中国印象"实证研究》,《新疆教育学院学报》2016 年第 2 期,第 103 页。

② 古丽尼沙·加玛力:《吉尔吉斯斯坦汉语教育现状及发展前景展望》,《世界汉语教学学会通讯》2010 年第 1 期。

五 西亚

1. 亚美尼亚

2016 年 1 月 18 日，亚美尼亚教育科学部向埃里温"布留索夫"语言与社会科学大学孔子学院正式颁发了《〈亚美尼亚初级汉语教学大纲〉批准令》和《亚美尼亚中小学汉语教学许可证书》。

《〈亚美尼亚初级汉语教学大纲〉批准令》和《亚美尼亚中小学汉语教学许可证书》由亚美尼亚教育科学部于 2015 年 5 月和 9 月分别签发，这标志着汉语被正式纳入亚美尼亚基础教育课程体系，成为孔子学院下设孔子课堂和教学点的第二或第三外语。[①]

2. 黎巴嫩

近年来，中黎文化交流蒸蒸日上，中国文化受到越来越多黎巴嫩青年学生的喜爱，越来越多的黎巴嫩学生开始学习中文。黎巴嫩大学于 2015 年开设中文专业，成为黎巴嫩唯一一所开设中文专业的高校。2016 年 5 月 10 日，在黎巴嫩大学举办的"中国文化日"活动上，中国驻黎巴嫩使馆文化专员陈中林表示，中国政府自 2016 年起，为阿拉伯联盟（阿盟）专门设立了汉语翻译项目奖学金，为阿盟培养汉语翻译人才。陈中林说，这一奖学金项目每期一年，将持续 5 年，每期培养 15 人。他鼓励黎巴嫩大学中文专业的学生认真学习中文，争取有机会参加这个项目。他希望黎巴嫩学生通过学习中文，了解和亲近博大精深的中国文化，为中黎友好贡献

---

① 亚美尼亚埃里温"布留索夫"语言与社会科学大学孔子学院：亚美尼亚教育科学部正式颁发《〈亚美尼亚初级汉语教学大纲〉批准令》和《亚美尼亚中小学汉语教学许可证书》，2016 年 1 月 27 日，国家汉办新闻中心，http：//www.hanban.edu.cn/article/2016－01/27/content_ 630466. htm。

自己的力量。在 10 日的活动中，该校中文专业的学生以及中国留学生一同表演了唱歌、旗袍秀等节目，并现场展示了书法、剪纸等中国艺术。①

第二节　欧洲

1. 俄罗斯

华文教育在东欧国家不仅起步迟，发展步伐也较慢，这一点从俄罗斯的情况即可窥见一斑。俄罗斯华社长期缺少来自侨团方面的支持，长期罕有侨校。在中苏关系正常化之后，旅苏（俄）华侨华人人数有所增加。

俄罗斯科学院东方研究所和莫斯科大学亚非学院汉语教研室是全俄的汉语教学研究中心。在与中国接壤的地区，学校从小学即开设中文课程。

俄罗斯的绝大多数华人仍然主要采取家庭教育的形式让子女学习中文。②

据欧洲华侨华人社团联合会统计，截至 2008 年，俄罗斯华侨华人总数在 30 万人左右，俄罗斯共有华侨华人社团 45 家，中文学校共 10 所。③

俄罗斯联邦教育与科学监督局此前称，国家统一考试汉语科目考试与国家毕业考试中的其他外语考试的流程相同。在 2015

---

① 国务院侨务办公室网站，《中国设阿盟汉语翻译项目奖学金培养中文人才》，http://m.hexun.com/haiwai/2016 - 05 - 12/183821914.html。

② 潘睿：《当代欧洲华文教育探析（1970~2006）》，暨南大学硕士学位论文，2007。

③ 《俄罗斯华侨华人概况》，中国侨网，2014 年 4 月 21 日，http://www.chinaqw.com/hqhr/2014/04 - 21/1155.shtml。

年 10 月 20～23 日举行的汉语考试中，约 3000 名学生参加了此次考试。2016 年，学生们已经在试点模式下参加了汉语科目的国家统一考试。汉语将在两年内作为国家统一考试的试点科目，之后会成为正式考试科目。汉语将与其他外语共同成为入学考试的基础科目。①

2. 匈牙利

匈牙利是中欧拥有最多华人的国家，政府看好中国的经济发展前景，同中国政府联合办校，让华人在融入当地社会的同时也保留本国传统。

匈牙利光华学校是由热心华侨创立的、经费完全自筹的私立中文补习学校，建于 1998 年。学校开设从学前班至初中二年级的语文、数学、历史、音乐、体育等课程，使用普通话为教学媒介语。②

"汉语热"在匈牙利也逐渐升温。由中匈两国政府 2004 年 9 月合作创办的中匈双语学校，是欧洲唯一使用住在国语和中文双语教学的公立学校。胡锦涛、习近平等中国国家领导人都曾先后访问该校。该校建校之初有 4 个年级 87 名学生。为顺应匈牙利"向东开放"政策和中国"一带一路"倡议，学校增设高中部，成为 12 年制全日制学校。学校校长埃尔代伊·茹然瑙表示，2008 年北京奥运会后渴望学汉语的匈牙利学生人数呈跳跃式增长，家长为孩子能够学会汉语而感到自豪，认为学会汉语可以拥有稳定的未来。副校长郭家明说，学校扩建意味着该校进入了匈牙利初等和中等教育

---

① 《汉语将纳入俄罗斯中学国家统一考试科目》，东方财富网，2016 年 2 月 6 日，http：//finance. eastmoney. com/news/1351，20160206593532767. html。

② 潘睿：《当代欧洲华文教育探析（1970～2006）》，暨南大学硕士学位论文，2007。

的国民教育体系，具有历史意义。① 中匈双语学校目前共有在校生300 多人，其中三成是华裔。随着华裔新生代开始接受当地教育，匈牙利华侨华人开始尝试走出传统商贸行业圈，并已经在其他领域取得不小成就。②

3. 罗马尼亚

罗马尼亚 1998 年开办了全国第一所中文学校——罗马尼亚华人子弟学校，这是一所全日制华文学校。学校目前设有 8 个年级，有数十位学生和 7 位教师。③

目前，在罗马尼亚有近万名华人，他们中的绝大多数是 20 世纪 90 年代初以后从中国来的。大多数华人希望子女从小能够接受汉语教育。由于当地目前没有中国人兴办的"国际学校"，目前许多旅罗华人只好把学龄子女送回国内接受教育。回国接受教育是旅罗华人的主要选择。

最近几年，在罗马尼亚一些国际学校上学的华人子女越来越多。目前，在首都布加勒斯特市有多所国际学校。据了解，选择留在罗马尼亚接受教育的华人子弟中，国际学校是他们的第一选择，而在土耳其人开办的"布加勒斯特国际学校"就读的人数最多。这所于 1996 年开办的学校声誉不错，目前学生来自 40 多个国家，其中华人子女就有几十名。2003 年，应华人学生的要求，还增设了汉语课。④

---

① 《匈牙利汉语热方兴未艾》，新华网，2016 年 10 月 5 日，http：//www. xinhuanet. com/world/2016 – 10/06/c_ 1119667217. htm。

② 国侨办：《匈牙利华侨华人与"一带一路"建设》，《侨务工作研究》2016 年第 5 期。

③ 潘睿：《当代欧洲华文教育探析（1970～2006）》，暨南大学硕士学位论文，2007。

④ 《罗马尼亚华人子女面临教育难题　回国学习是首选》，新华网，2007 年 4 月 1 日，http：//news. sohu. com/20070401/n249121193. shtml。

罗马尼亚教育部在 2016 年 6 月批准了布加勒斯特大学孔子学院的申请，正式发文确认将汉语列入中小学最新外语语言课程名单。这标志着汉语正式进入罗马尼亚国民教育体系，罗马尼亚中小学汉语教学迎来了新的里程碑。[①]

4. 斯洛伐克

斯洛伐克班斯卡—比斯特里察市的米库拉沙·科瓦察中学于 2016 年 9 月 5 日正式启动了"中斯双语教学试点项目"，该中学也是目前斯洛伐克唯一一所使用斯洛伐克语和汉语开展教学的双语中学。参加试点项目的学生将在五年内分两个阶段完成汉语的学习，第一学年将主要进行汉语培训，第二至第五学年，学生除继续学习汉语，还将用汉语和斯洛伐克语学习数学、物理、化学和生物等课程。

中国驻斯洛伐克大使林琳在出席当天的活动时表示，中斯两国传统友好，教育合作更是两国关系发展的重要组成部分。米库拉沙·科瓦察中学选择汉语作为教学语言，是一项具有开创性和富有远见的工作，对于增进中斯教育合作和友好交往具有重要意义。米库拉沙·科瓦察中学校长阿莱娜表示，斯洛伐克语和汉语双语教学在斯洛伐克乃至整个中东欧地区都很少见，随着中国经济实力的发展，掌握中文将成为一项非常具有竞争力的优势。[②]

---

① 《汉语进入罗马尼亚国民教育体系　中小学将开课》，中国侨网，2016 年 6 月 23 日，http：//www.chinaqw.com/hwjy/2016/06 - 23/92897.shtml。
② 曲曦：《斯洛伐克一中学启动"中斯双语教学试点项目"》，环球网（国际新闻），http：//w.huanqiu.com/r/MV8wXzk0MDQ2NTFfMTM0ODE0NzMwOTI3ODY = 。

第三节　非洲

非洲的华文教育是从 20 世纪初才开始出现的。非洲一些国家的华人兴办了一批华文学校。

从抗战开始到战后初期，非洲华文教育经历了一个繁荣发展时期。抗日战争全面爆发后，非洲华人子女已不可能回国求学。非洲华人发起了"教育救国"运动，创办华文学校。原有的学校纷纷扩建，设立中学部。同时，新的学校也不断涌现。二战结束后，非洲华人办学又出现了一个热潮，各校董事会均为扩建学校募集经费而奔波。非洲华文教育在这一时期达到高潮。

20 世纪中叶以后，非洲华人教育以西式教育为主，虽然保留了中国传统文化，也提高了华人的科学文化水平，非洲华人教育获得了很大的成功，但遗憾的是非洲华文教育却走向没落，直到 1978 年中国改革开放以后，华文教育在非洲才重新得到重视。这一时期，非洲华人教育最大的特点是高等教育取得极大的成功。

目前，非洲华人教育已完全摆脱了旧式华侨教育的束缚。非洲华人教育已深深融入当地的民族教育之中，明确将教育本身作为非洲华人教育的核心，以提高非洲华人的科学文化水平为目的，推动教育事业为中心，以提倡中华文化、推行华文教育以及中外文化交流为特色。①

---

① 贺鉴、黄小用：《非洲华人教育浅探》，《比较教育研究》2001 年第 12 期，第 39～41 页。

1. 南非

目前，南非大约有 30 万华侨华人，是非洲大陆拥有华侨华人最多的国家。其中，多数华侨华人在约翰内斯堡等城市工作和生活。2012 年 6 月 9 日，由南非当地侨胞自筹资金建立的非洲首家华文教育基金会"南非华文教育基金会"在南非约翰内斯堡西罗町唐人街举行成立典礼。南非华文教育基金会计划在未来几年里开展一系列中文教育和弘扬中华文化的项目，包括开办华文学校、进行汉语比赛、成立中华文化传播中心和举办南非中华文化节等。①截至 2006 年，南非已经有六所综合大学和理工大学正式开设了中文课程。②

随着中国经济的发展和国际影响力的增强，华文教育在南非日益受到重视。据统计，截至 2008 年，在南非学习汉语的华人子弟以及南非当地学生累计达 10 万多人。

从 1904 年第一批华工到南非淘金，到 20 世纪下半叶中国台湾和香港移民的涌入，再到 20 世纪 90 年代以来大批中国大陆人员来此投资创业，均给南非的中文教育烙下了深刻的印记，南非的中文教育呈现多元化特点。

第一，广东话和普通话并重的教学形式。早期大部分侨民（被当地人称为老侨）主要来自中国广东沿海一带，当时的中文教育以广东话为主。随着中国大批新侨的到来，各个华侨学校逐渐采用汉语普通话教学或广东话与普通话并重的教学形式。南非东伦敦中华学校即采用此种教学方式。

---

① 本刊资料室：《南非侨界成立南非华文教育基金会》，《八桂侨刊》2013 年第 1 期。

② 《南非 50 所高中将开设中文课程　中国将派中文教师》，新华网，2007 年 10 月 4 日，http://www.chinanews.com/hr/hwjy/news/2007/10－04/1041433.shtml。

第二，华人、南非人兼收的中文小班授课。斐京华侨公学是南非一所全日制华侨学校，有七十多年的历史。目前，这所学校按照南非教育部的教学大纲，授课内容和方式与南非本地学校一样，唯一不同的是每位在校生都必须学习中文。这所学校以小班授课方式讲授中文，除华人子弟外，还吸引了大批对中华文化感兴趣的南非当地人和其他国家的移民子弟来此就读。

第三，培训与会考相结合的教学方式。南非华心中文学校是培训与高中会考相结合的典范，在做好汉语推广的同时，该校开设多种形式的会考培训。对于来自中国台湾及香港等地使用繁体字的学生，有专门的繁体字会考班，由台湾或香港资深教师执教。对于来自中国大陆的学生，使用中国教育部推荐的海外汉语教材，聘请大陆有多年教学经验的老师。

南非教育部规定，以汉语为母语的考生，南非学习和生活5年以上，可以在高中会考时选择汉语作为一门语言考试科目。

2008年，在南非各大学注册学习中文的学生以及在各类汉语培训班研习汉语的学生有2万多人。南非每所大学的孔子学院或中文专业，注册学员均在50～200人。①

2. 马达加斯加

马达加斯加的华文教育始于20世纪20年代。1921年，马达加斯加华人中，儿童人数为119人，到1929年达到377人。鉴于侨童无机会接受华文教育，中国国民党驻马达加斯加支部于1926年设立了可容纳50余人的补习教育班，聘请何宗谨、何金泉、祝

---

① 《南非十万人学习汉语 中文教育呈现出多元化特点》，新华网，2008年6月3日，http://www.clef.org.cn/news/2008/0630/5/158.shtml。

展华为教员。尽管补习教育班是非正式的，却是马达加斯加的第一个华文教育机构。[①] 随后，马达加斯加各地的华人纷纷效仿创办了一些华文学校。例如，塔马塔夫华侨体育会于1943年创办的华体小学和费内里韦中正学校等。从抗战开始到战后初期，仅仅数千人的马达加斯加华人总共建立了13所华文学校，其中包括4所乡村私塾学校。[②]

马达加斯加华侨申请办学最为不易。当时法属殖民地政府对外籍人设立侨校有严格限制，法律规定，侨校教学语言须以法文为主，华文只能列为兼授课程，校长须具备法文证书，学校应以法文教师为主要教师，华文教师须有华文证书以及健康证和良民证。在华人社会共同努力下，马达加斯加华人终于创办了兴文学校，这是由马达加斯加政府正式批准的第一所华文学校。[③]

第四节　美洲

截至2014年，在整个拉丁美洲和加勒比地区的33个国家中，不包括华裔和混血的中国人，华人华侨约有121万人。[④]

孔子学院和孔子课堂是在拉美传播中华文化的重要平台之一。截至2016年底，中国在拉美地区19个国家建立了39所孔子学院和18个孔子课堂。在全球130个国家（地区）的512所孔子学院

---

① 陈铁魂：《马达加西共和国华侨概况》，台北：正中书局，1989，第42页。
② 陈铁魂：《马达加西共和国华侨概况》，台北：正中书局，1989，第51页。
③ 李安山：《非洲华侨华人史》，中国华侨出版社，2000，第323页。
④ 杨发金：《拉美华侨华人的历史变迁与现状初探》，《华侨华人历史研究》2015年第4期，第41页。

中，7.62% 开设在拉美地区。① 近年来，美洲华文教育进一步发展。截至 2019 年 6 月，美洲共开设 150 所孔子学院、559 个孔子课堂，分布在美洲 26 个国家。②

　　巴拿马是中美洲最南部的国家，国土面积只有 7.55 万平方公里，人口只有约 400 万，华人约占全国人口的 5%。在巴拿马的国家发展历程当中，华人具有不可忽视的作用。华人在当地的历史已有 160 多年，华人与当地人早已产生了不可分割的紧密联系。

　　从 1851 年到 1865 年，近 2 万华工横跨大洋，成为开凿巴拿马运河、修建铁路的主力军。他们主要定居在巴拿马，95% 以上来自中国广东省，这是第一代华人。第二代华人是在巴拿马作为中国大陆和拉美国家的中转站时留居在这里。20 世纪 70 年代至 80 年代末，华人大部分在原居住地上扩展，到了 21 世纪，几乎巴拿马的每一个省都有华人的身影。久而久之，巴拿马就有了许多兼具巴拿马和华人血统的后代，占人口总数的 10%。

　　他们为巴拿马做出的贡献有目共睹，得到了当地人和政府的认可。2004 年，巴拿马国会通过决议，将每年 3 月 30 日定为"华人日"。巴拿马的华人也给全世界的华人做出了表率，成为中国人对外良好形象的展示牌。③

　　随着 2017 年中国与巴拿马建交，巴拿马华文教育得到进一步发展。2018 年，巴拿马政府决定将台湾教育中心更名为中国双语综合教育中心（Centro Educativo Integral Bilingüe de China）。巴拿马副总

---

① 崔守军、徐鹤：《拉美华人华侨在构建"中拉命运共同体"中的作用及路径》，《拉丁美洲研究》2018 年第 1 期，第 52 页。

② 孔子学院总部/国家汉办，http://www.hanban.org/confuciousinstitutes/node_10961.htm。

③ 《在巴拿马有一批赤手空拳闯天下的华人》，一点资讯，2019 年 1 月，https://www.yidianzixun.com/article/0LDZkZxb/amp。

统兼外交部部长 Isabel De Saint Malo 参加了该中心的开学仪式。巴拿马外交部负责人称："中国已成为该学校学生整体形象的一部分。"[1]

2018 年 2 月，中国国务院侨务办公室主任裘援平在访问巴拿马期间，来到位于巴拿马城华人聚居区的中巴文化中心中山学校，这是巴拿马办学历史最长、规模最大的华文学校，由祖籍广东中山的侨胞陈奉天等创办，已开办 30 余年。中山学校教育体系完善，设施完备，涵盖幼儿园到高中，实行中、英、西三语教学，目前有学生约 1700 人，其中华人子女占三分之一。学校不仅拥有巴拿马教育部的资质认证，也被巴拿马民众视为当地最好的学校之一。

裘援平表示，国侨办将大力支持学校及巴拿马华文教育发展，可在师资、教材、学生交流等各方面提供支持，并就具体实施办法提出了建议。中巴文化中心副董事高浩表示，中巴两国建交后，校方面临师资和学生交流等紧迫问题，董事会没有想到可以当场得到解决方案，这体现了中国政府对当地华文教育的高度重视。[2]

第五节　大洋洲

新西兰政府 2001 年人口普查数据显示，新西兰华侨华人总数为 10.4 万人，是新西兰第三大民族，华语是第三大语言。2006 年人口普查结果显示，新西兰华人人口为 14.8 万人。80% 的华侨华人聚居在奥克兰、首都惠灵顿，南岛的基督城华人也较集中。[3]

---

① https://mp. weixin. qq. com/s/ - - FLJZdXZJVUDbELJFhz2w。

② 《国侨办主任裘援平访问巴拿马 两次"现场办公"》，中国新闻网，2018 年 2 月 24 日，http://www. chinanews. com/hr/2018/02 - 24/8453950. shtml。

③ 新西兰统计局官方网站，http://www. stats. govt. nz。

　　新西兰的华文教育起步较晚，但自 1968 年屋仑华侨会所正式建立华文义校以来，各式语言班、中文学校和义校至今已有一定程度的发展，尤其近十年来发展更为迅速。新西兰中国语文协会全国总会长在一份名为《新西兰华文发展史》的报告中说，新西兰教育部早于 80 年代就已设有"中六的华文证书"作为学生的校内评估标准。但是当时只有少数学校采用此评估制度。而且，有关统计数据显示，1989 年报读华文的学生只有 61 名，1991 年也只有数名成年人通过函授课程学习华文。1992 年新西兰教育部开始考虑正式为非华裔学生开设华文课程。1995 年在校学习华文的中小学生不过 244 人；到 1996 年，学习华文的小学生有 1325 人，中学生有 1046 人，全国有 60 所中小学、6 所大学和 7 所理工学院开设华文课程。1998 年教育部又正式宣布将华文列为全国大学入学考试的外语科目之一，其后，在张占一教授及各华文教师的争取下，首届华文考试终于在 1999 年举行，母语非汉语的学生可以在完成《新西兰华文课程纲要》所规定的八个阶段后于大学入学考试时参加华文考试。2000 年新西兰教育部将华文正式列入新西兰中学会考而使之成为外语考试科目，这一举措可谓新西兰华文教育史上的一个重要的里程碑。至此，华文与其他外语被一视同仁，获得了更广阔的发展空间。①

---

① 　严丽明：《试析新西兰华文教育的发展》，《八桂侨刊》2005 年第 1 期，第 15 页。

第三章 海外华文教育的历史沿革[*]

中国是侨务资源大国，目前有 6000 多万华侨华人旅居世界约 200 个国家和地区。中华民族历来有着浓厚的故乡故土观念，认祖归宗是中华儿女的重要文化品格。"悠悠岁月，滔滔重洋，割不断海外赤子对祖国家乡故土的深情留恋；天涯海角，异国他乡，割不断海外侨胞对中华民族传统文化的血缘亲情。"[①] 广大侨胞不管走到哪个角落，无论经历多少沧桑，始终不忘身上流淌着中华血脉，始终坚持传承优秀中华文化。海外华文教育就这样伴随着华侨华人社会的形成而产生，跟随着华侨华人的脚步在世界各地落地生根，它是广大侨胞学习和传承中华语言文化最基本、最重要的方式，是保持华侨华人民族特性的根本手段，是促进华侨华人社会延绵发展、和谐发展的根本动力，是维系海外侨胞与祖（籍）国情感联系的根本纽带，具有十分重要而深远的意义，被侨胞们形象地誉为"留根工程"、"希望工程"和"民生工程"。

"有华侨华人的地方，就有华文教育。"中国人旅居海外之后，

---

[*] 陈水胜，法学博士，中央统战部侨务事务局副调研员。

[①] 任贵祥：《海外华侨华人与中国改革开放》，中共党史出版社，2009，第 337 页。

出于眷乡恋土的朴素情怀，为了把"根"留住，自行创办了各类华文学校，开展华文教育，教授华裔子弟汉语、传承中华文化。可以说，海外华文教育与华侨华人社会相生相伴、相依相偎，始终密不可分。换言之，没有华侨华人社会的付出与坚守，就没有华文教育。同样，如果没有华文教育的持续开展，没有中华文化这个强有力的"黏合剂"，华侨华人社会也不可能延绵发展至今。诚如侨胞自己所言："华侨远离祖国，生命寄托于他邦治下，耳目渐染于他邦环境之中；倘任自然，国性必将消亡也，故动于爱国之大义，相率兴学校以图祖国文化之保存。"①

2013 年以来，华文教育在共建"一带一路"倡议下快速发展，为中国更加深入地参与全球化发展和全球治理积蓄人才。

海外华文教育发展历程，大致可划分为萌芽期、起步期、发展期、高潮期、低潮期和复兴期六个时段。

第一节　萌芽与起步期

目前，有史料明确记载的最早的海外正规华文学校是 1690 年创办于印尼的明诚书院。② 如果以此作为海外华文教育正式开始的标志的话，那么真正意义上的华文教育仅有三百多年的历史，这与中国人移居海外的悠久历史相比显然太短了。其实，海外华文教育是与华侨华人社会相生相伴的。应该说，从中国人移居海外的第一

---

① 凌翔：《三十年来英属华侨教育》，《小吕宋华侨中西学校卅周年纪念刊》，菲律宾，1929 年。转引自别必亮《承传与创新——近代华侨教育研究》，河北教育出版社，2001，第 16 页。

② 林蒲田：《华侨教育与华文教育的史和论》（内部资料），泉州新春印刷有限公司，2008，第 27 页。

天起，父母就开始通过言传身教的方式，教授子女继承中华民族的传统美德，如仁爱孝悌等。时至今日，家庭教育仍是海外华文教育的重要方式之一，也是最基础的部分。

后来，有的家长开始自发地或有组织地聘请家庭教师教授子女学文识字。在一些地方，则有教师开始尝试在家中创办私塾，招收周围华侨子弟。这期间教学内容与国内私塾基本一致，主要是《三字经》《千字文》《百家姓》《大学》《中庸》《论语》等。1690 年以前，各种华侨自发或有组织地针对子女学文识字的教育，是华文教育早期的基本形式，属家庭式或私塾模式。

随着中国海外移民的增多，子女的教育问题也日渐突出，简单的家庭教育模式已经不能满足侨胞们的需求。于是，一些有识之士或华侨社团开始尝试创办正规书院。史料记载，担任过印尼巴城官吏的华人郭郡观（官任武直迷）于 1690 年开办了历史上第一所相对正规的海外华文学校——明诚书院。"再来吧（即巴城）请设美色甘（即救济院、养济院），建病厝，立义学，额曰'明诚书院'，以利后人，万代无穷之奕休。"[①] 明诚书院的创办，标志着华文教育由家庭私塾式向比较正规的学校模式转变，也是严格意义上华文教育开始的标志。之后，印尼各地相继设立了江南书院（1775年）、明德书院（1787 年）等，教书识字，传承中华文化。

19 世纪初，东南亚地区一些国家也相继创办了各类书院。比如，1819 年创办于马来亚槟榔屿的五福书院；1849 年创办于新加坡的崇文阁和 1854 年创办的萃英书院等。19 世纪中后期，美国、

---

① 许云樵：《开吧历代史记》，载新加坡《南洋学报》1953 年第 9 卷第 1 辑。转引自黄昆章《印度尼西亚华文教育发展史》，外语教学与研究出版社，2007，第 24～25 页。

加拿大等地也出现了华文私塾、专馆。到 1875 年这类学校已有 10
多所。此外，古巴华侨也于 1899 年创办了乐群义塾。[①]

总的来看，这类书院较以前的家庭式、私塾式教育更为正规，
但是仍没有固定的办学章程和规范的课程设置，多借会馆、宗祠、
庙宇等作为办学场所，尚无专门的校舍，有的学者称之为"旧式
教育机构"。[②] 由于史料不足，这一时期各地华侨华人兴办的旧式
教育机构，很难有准确的统计数据。

第二节　发展期与高潮期

一　19 世纪末至 1911 年

19 世纪末 20 世纪初，随着中国半殖民地半封建社会程度的加
深，清朝的封建统治摇摇欲坠。为了维护封建政权，吸引华侨资本
改善国内经济状况，清政府开始转变其侨务政策，从"漠视"转
为"重视"。支持华侨开办学校、开展华文教育就是其中一项重要
措施。清政府采取多种方法支持华侨发展华文教育，主要有：要求
驻外使领馆官员承担起"劝学"的重要职能，而且对在海外兴办
学校得力的官员还予以褒奖；派员到南洋巡查华侨教育情况，鼓励
和扶持侨校发展，扩大与侨校的联系。如，1904 年，清政府委派
外埠商务大臣兼南洋学务大臣张振勋（新加坡华商）到南洋考察
商务兼理南洋华侨学务。张振勋到达槟榔屿后，立即动员当地华侨

---

① 林蒲田：《华侨教育与华文教育的史和论》（内部资料），泉州新春印刷有限公司，
2008，第 28 页。

② 别必亮：《承传与创新——近代华侨教育研究》，河北教育出版社，2001，第 12 页。

绅商创设中华学校，并赠送光绪皇帝御题的"声教暨南"匾额和《古今图书集成》一套。① 清政府鼓励国内教员和师范生到海外侨校任教，解决师资困难问题。对于这些外派教师，清政府还给予一定的奖励："海外华侨学堂充当教员者，三年届满，如果成绩优著，即照异常劳绩给奖；如由内地师范生派往各该处充当义务者，在堂三年，准作为义务年满。如果成绩优著，并照（师范生）五年届满之条给奖。"② 1906年在南京创办了暨南学堂，招收华侨子弟回国就读，对前来就读的华侨学生，清政府承担了交通、食宿、学杂费用，在生活上给予补贴。清政府还宣布暨南学堂的毕业生将由政府免费保送到欧美、日本等地留学深造，以使他们在国内任职。

在国内的推动下，加之华侨民族意识的觉醒，海外华侨华人社会纷纷创办新式华文学校（见表3-1）。研究统计，在1901~1911年，英属马来亚建成的华文学校就有10余所，而荷属东印度各地创设的中华学堂则发展到了65所。此外，菲律宾、日本、朝鲜、泰国、缅甸等国也出现了一批以"中华"冠名的新式学堂。美国的旧金山、纽约、芝加哥、西雅图，以及加拿大的温哥华、维多利亚等地也先后兴建了大清侨民学堂。③

表3-1　19世纪末至1911年部分国家创办的第一所新式华校情况

国家或地区	学校名称	创办时间
日本	大同学校	1897年
菲律宾	小吕宋华侨中西学校	1899年

---

① 张赛群：《南京国民政府侨务政策研究》，中国言实出版社，2008，第17页。
② 《光绪谕折汇存：卷二十》，转引自邱建章《论晚清政府的华侨教育政策》，《河南大学学报》（社会科学版）2007年第7期，第59页。
③ 别必亮：《承传与创新——近代华侨教育研究》，河北教育出版社，2001，第15页。

续表

国家或地区	学校名称	创办时间
印尼	中华学校	1901 年
马来西亚	中华学校	1902 年
朝鲜半岛	仁川学堂	1902 年
缅甸	中华义学	1904 年
新加坡	崇正学堂	1905 年
越南	闽漳学校	1907 年
泰国	华益学堂	1911 年
印度	梅光学校	1911 年

资料来源：笔者根据相关文献资料整理。

二　1912～1949年

辛亥革命结束了清政府的封建统治，建立了中华民国。从1912 年 1 月 1 日中华民国宣告成立到 1949 年 10 月 1 日中华人民共和国成立这段时间，中国形式上处于中华民国时期，但是政权却在不断的更迭中，大致先后经历了南京临时政府、北洋政府、南京国民政府。

对于华文教育，北洋政府予以一定的重视。1913 年教育部会同外交部商定，委托驻外领事兼管华侨学务，并公布了《领事管理华侨学务规程》，由驻外领事馆管理海外侨民教育和辅导、接待侨生回国升学事宜。[①] 为了解、掌握海外华校的情况，以便于制定有针对性的政策和扶持措施，1914 年，教育部委托各驻外使领馆对当地华校情况进行了较为详细的调查，包括学级、人数、教材、

---

① 张赛群：《南京国民政府侨务政策研究》，中国言实出版社，2008，第 45 页。

经费等多项内容。1915年后，教育部又先后委派高等鲤、梁家义、熊理、黄炎培、林鼎华等赴南洋各地指导华校开展教育，同时褒奖多名热心兴学的侨胞及为侨教做出努力的服务人员。[①]

1928年5月，南京国民政府专门召开了华侨教育工作会议。本次会议制定了一系列华侨教育政策，如要重视培养华侨小学教师；改进领事馆工作，使之能辅助华侨教育的发展；在国内大学推广侨民教育，设置能适应华侨需要的课程等。1931年制定的《中华民国训政时期约法》中明确规定："华侨教育，国家应予以奖励及补助。"[②] 同年，国民政府在侨务委员会下增设了侨民教育处，负责有关华侨教育的调查、立案、监督指导等工作。1933年后，鉴于海外侨校越来越多，为了加强对侨校的指导及建立统一的侨民教育制度，侨务委员会与教育部先后制定了《侨民教育实施纲要》（1933年4月）、《侨民中小学规程》（1931年颁布，1934年2月做了修订）和《侨民中小学校董事会组织规程》（1931年颁布，1934年修正）等规章制度，规定了侨民教育的基本方针。[③]

为解决海外师资匮乏的问题，1934年侨委会在南京举办了侨民教育师资训练班，学制一年，共招收了50名学员，海内、海外各25名。该批学员毕业后有30余人被派往海外华校服务。1936年，侨委会还专门设立了南洋小学教科书编辑委员会，为海外华校编辑课本和读物。

在政府的推动下，广大侨胞发展华文教育的积极性不断提高，

① 张赛群：《南京国民政府侨务政策研究》，中国言实出版社，2008，第45页。
② 荣孟源主编《中国国民党历次代表大会及中央全会资料》（上册），光明日报出版社，1985，第949页。
③ 张赛群：《南京国民政府侨务政策研究》，中国言实出版社，2008，第78页。

有关学者统计，马来亚 1937 年有华侨学校 477 所，学生 40293 人，10 年间学校和学生数量都增加了两倍；越南到 1937 年就有华侨教师 523 人，学生 2.3 万人；菲律宾到 1936 年，有华侨学校 60 多所，学生 7 万多人。[①]

　　1937 年抗日战争全面爆发后，为适应战时需要，1940 年国民党五届七中全会通过了《推进侨民教育方案》，推出了改进普通教育、培养新教师、在海外设立侨民职业学校、设立阅书报社、筹办侨民书报编印社等计划。该方案指出："现在要拯救国家和民族的危亡，只有从教育上努力，其他别无途径。盖有于侨胞教育之普及，公民训练之实施，民族意识当然高涨，爱护民族与国家之心理，蓬勃发展。"[②]

　　这一时期，国民政府的华文教育工作重点主要是发展华文教育和救助侨生两方面。1941 年，国民政府教育部决定增办华侨中学，设置华侨师范学校，并对办得较好的华侨中学予以经费支持。1937~1945 年，受补助的华校分别为 154 所、154 所、123 所、128 所、162 所、52 所、47 所、57 所、40 所。[③] 1941 年，侨务委员会还要求在华侨众多但无华文学校或华文学校数量较少的地方，设立华侨劝学委员会，倡办华校，筹措经费等。在救助侨生方面，国民政府的投入也不少。据统计，1942 年为 400 万元，1943 年为 1000 万元，1944 年为 599 万元。[④]

[①]　熊明安：《中华民国教育史》，重庆出版社，1990，第 426 页。

[②]　毛起雄、林晓东编著《中国侨务政策概述》，中国华侨出版社，1993，第 62 页。

[③]　中国第二历史档案馆编《中华民国史档案资料汇编》（第五辑第三编），江苏古籍出版社，1999，第 654 页。

[④]　中国第二历史档案馆编《中华民国史档案资料汇编》（第五辑第三编），江苏古籍出版社，1999，第 634~635 页。

抗日战争期间，共有 3200 所海外侨民学校遭受到不同程度的破坏，占全部侨校的 94%。① 鉴于此，国民政府教育部于 1945 年 9 月召开教育复员会议，通过了《南洋侨教复员计划》。该计划的主要内容包括：调查南洋侨校损失情况及提出相应的赔偿要求，恢复南洋各侨校，与各国交涉解除南洋侨校所受的束缚等。同年 10 月，国民政府侨务委员会也拟定了《三十五年度侨民教育复员实施办法》。为了统一侨民教育的行政管理，1946 年 4 月，国民政府行政院颁布了《华侨教育职权划分管理办法》，规定海外侨民教育文化由侨务委员会主管，国内侨民教育文化由教育部主管。1947 年 4 月，侨委会和外交部共同颁布了《驻外使领馆办理侨民教育行政规则》，要求使领馆专人办理有关侨民教育事宜，并希望其聘请名誉督学视察指导各项工作的开展。该规则还规定，总领事、领事、副领事在赴任前，均应向侨委会请示有关侨教事宜，且使领馆办理侨教成绩应由侨委会考核。② 同年，侨委会开始对海外华校进行调查和登记。此外，侨委会还通过培养师资、鼓励有资格的教员出国任教、赠送图书教材等方式帮助解决海外华校的实际困难。在国民政府的推动下，各地华文教育工作有所恢复，并一度出现了兴办华校的高潮。但是，随着东南亚各地民族独立运动的兴起，华文教育再次遭受重大挫折。

总体上看，这一时期的华文教育属于比较正规的学校教育，教育体制比较完备，且相对独立于所在国家或地区的教育体系之外，

---

① 张赛群：《南京国民政府侨务政策研究》，中国言实出版社，2008，第 208 页。
② 周南京：《华侨华人百科全书》（法律条例政策卷），中国华侨出版社，2000，第 509 页。

华校多为全日制学校，教材多来自中国或以中国教材为蓝本，并接受当时中国政府的管理或指导。因此，这一时期也被认为是华侨教育时期或侨民教育时期。

第三节　低潮期

二战结束至 20 世纪 80 年代末，一方面受国际形势和侨胞住在国政策变化的影响，海外华文教育总体上呈衰落之势，处于转型、变革求生存的低潮期；另一方面，由于新中国实行"单一国籍"原则，华侨华人面临身份转变的选择。随着广大侨胞由"落叶归根"向"落地生根"的转变，海外华文教育的性质也由华侨教育逐渐转变为华人教育。这一时期，海外华文教育的基本态势大致可以划分为以下几种。

一是华文教育被严格限制，并最终遭禁锢。在印尼、缅甸、柬埔寨等国家，当时受其国内政治因素的影响，华文教育先是一步步被严格限制，后则干脆被禁止，导致华文教育的断层。例如，20 世纪 50 年代，印尼先后颁布了《外侨学校监督条例》《外侨私立学校条例》《关于设立外侨学校的城市和地点的决定》等文件，对华文学校的日常运作、教学安排、管理者资质等做出了一系列限制和要求。1965 年 "9·30 事件" 之后，印尼国内掀起了大规模的排华、反华活动，华文教育也遭受致命打击。1967 年，印尼政府颁布了《解决华文问题的基本政策》，彻底否定了华文学校的合法地位。从此，华文教育在印尼中断了近 30 年。缅甸政府 1965 年 4 月颁布《私立学校国有化条例》，下令将全国所有私立中小学收归国有。不久，全缅 200 多所华校被政府接收。此后，一些失业的华文教师在各地兴办了不少华文补习班。但是，1967 年仰光发生"6·26"排华事件后，华文补习班也被政府禁止。[①]

二是华文教育被纳入当地教育体系，中华语言文化教学被严格限制。有的国家（如菲律宾、泰国、文莱等）虽然没有禁止华文教育，但是通过纳入国民教育体系，将华文学校作为私立学校或民办学校进行监督、管理，并严格限制中华语言文化教学的课时。比如，1955 年，菲律宾国会就曾以"共党渗透华侨学校"为名，抨击华侨学校，主张严格监督华侨学校甚至是关闭华侨学校。1956 年，菲律宾教育部发布了名为《华侨学校中小学课程问题》的公告，对华文学校的中英文授课时数做出了规定，要求英文时数多于中文。[②] 1965 年，马科斯当选菲律宾总统后，进一步实行同化政策，1967 年规定华人不准再开设新的华文学校。1973 年通过的新宪法明确规定："教育机构，除非由教会、传道会或慈善机构所创办者，均应由菲律宾公民或其资本 60％为菲律宾人所有之公司、社团所拥有。学校之控制及行政亦应置于菲律宾人手中。教育机构不能专为外人而设立，外侨学生在任何学校之学生总数中，不得超过三分之一。"马科斯也于当年 4 月发布第 176 号法令，对全菲华侨学校实行"菲化"政策，要求过渡期后（1973～1976 年），要同菲律宾的教育体制并轨。"菲化"之后，中文只能作为选修课，上课时间每天以两小时为限，中学的中文课程也必须

---

① 范宏伟：《缅甸华文教育的现状与前景》，《东南亚研究》2006 年第 6 期。
② 蔡昌卓主编《东盟华文教育》，广西师范大学出版社，2010，第 235～236 页。

遵循菲律宾的规定，学制改为四年。[①]

三是华文教育仍相对地独立于当地教育体系之外，形成了比较完备的华文教育体系。马来西亚1956年发布的《拉萨教育报告书》，提出将各族儿童统一集中在以马来文为教学媒介的学校的"最终目标"。长期以来，马来西亚政府一直积极推进这一目标。不过，由于华侨华人社会的抗争，从小学到大学的比较完备的华文教育体系在马来西亚还得以保持。目前，在马来西亚华文教育体系内，有1294所华文小学，60所华文独立中学和3所民办高等学府。其中，华文小学自1958年起，开始接受政府资助并被纳入了马来西亚国家教育体系。[②]

四是华文教育逐步转型、恢复或兴起，并得到了一定程度的发展。与东南亚地区华文教育因受限制而日渐萎缩的状况不同，欧美地区华文教育则在转型、恢复或兴起的过程中有所发展。在欧洲，受香港新移民、东南亚地区华侨华人二度移民的影响，华文教育逐渐兴起。20世纪50年代中期，旅荷侨团在一些大中城市相继创办了几个中文识字班和中文班，但都未形成一定规模的华文学校；60、70年代，荷兰、英国、法国等国的侨团开始创办有一定规模的华文学校，在阿姆斯特丹、格林威治、巴黎等城市已有六七所华文学校。1980～1986年，华侨华人在巴黎、曼彻斯特、鹿特丹、布鲁塞尔、慕尼黑、波恩等欧洲各主要城市，先后创办了近20所中文学校，这些学校大多有一定规模。[③]

---

① 〔菲律宾〕黄端铭：《菲律宾华侨华人的留根工程——菲律宾华文教育》，丘进主编《华侨华人研究报告（2013）》，社会科学文献出版社，2014，第223～224页。

② 〔马来西亚〕叶新田：《马来西亚华文教育的现况与展望》，丘进主编《华侨华人研究报告（2013）》，社会科学文献出版社，2014，第271～308页。

③ 章志诚：《欧洲华文教育的历史与现状》，《八桂侨刊》2003年第1期，第22页。

在美国，二战结束后至 20 世纪 60 年代末，华文教育也处于衰落期。一方面是因为受美国文化的洗礼，华侨华人加速融入美国社会，从"落叶归根"转而寻求"落地生根"；另一方面，由于中美对抗的客观现实，除了华人家庭将中文作为内部交流沟通的工具之外，大多数侨胞尤其是华裔新生代，看不到学习汉语以及中华文化与他们的切身利益有何关联。因此，在 60 年代，全美华文学校才不过几十间。① 自 20 世纪 70 年代开始，受《移民和国籍法案》实施、中美关系解冻、台湾地区经济发展等多种因素的影响，美国的华文教育得以较快发展。1979 年，美国华文学校增加到 127 所，1985 年又迅速发展到了 304 所。② 尽管如此，美国的华文教育也发生了质的变化，由原先的全日制侨民教育变成了周末制的民族语言文化补习教育。

整体而言，这一时期的海外华文教育处于低潮期，发展受到了诸多限制，面临着许多困难。但是，华侨华人以坚忍不拔的意志，努力地维系着这一华侨华人社会的"星星之火"。

第四节　复兴期

20 世纪 80 年代末以来，随着中国改革开放伟大进程的推进，中国经济快速发展，综合国力显著增强，国际影响力和国际地位不断提升。中国高举和平、发展、合作、共赢的旗帜，

---

① 〔美〕梁培炽：《美国华文教育发展新理念》，《暨南学报》（哲社版）1998 年第 4 期，第56 页。

② 麦礼谦：《从华侨到华人——20 世纪美国华人社会发展史》，三联书店，1992，第 431 页。

不断落实和丰富独立自主的和平外交政策，同世界各国的友好交往日益拓展和深化，中外关系持续改善与发展。伴随着中国的日益发展，汉语和中华文化日益引起世人的关注和重视，加快走向世界。到 21 世纪初，"中国热""汉语热""中华文化热"已经悄然兴起并持续升温。与此同时，随着新移民的增多和华裔新生代的壮大，数量庞大的华裔青少年群体的中华语言文化教育问题愈发凸显。于是，各地华侨华人纷纷兴办华文学校，广泛开展华文教育。

广大侨胞在积极开展华文教育的同时，还强烈希望祖（籍）国政府能在华文教育工作上予以支持和帮助，呼声更是一浪高过一浪。对于海外侨胞如此强烈的期盼和渴求，中国政府十分重视。2004 年 3 月，时任国家主席胡锦涛在全国"两会"期间就加强海外华文教育工作做出重要指示，并亲自倡议成立专项基金会。他指出："无论是从我们民族优秀传统文化的传承考虑，还是从我们骨肉同胞的亲情考虑，支持海外华人社会开展华文教育都是我们义不容辞的责任。"同年，海外华文教育工作的统筹协调机制——国家海外华文教育工作联席会议和专项基金会——中国华文教育基金会先后成立，中国政府也进一步加大了海外华文教育工作力度。①

----

① 综合参考了以下新闻媒体的报道：《两会特写："办好华文教育，我们义不容辞"》，中新网，2004 年 3 月 8 日，http://www.chinanews.com/n/2004 - 03 - 08/26/411091. html；《第四届国际华文教育研讨会举行》，人民网，2004 年 12 月 14 日，http://www.people.com.cn/GB/paper39/13621/1218882.html；《全国政协委员林文肯：国家要重视华文学校的建设》，中国教育新闻网，2010 年 12 月 1 日，http://www.jyb.cn/world/hwjy/201012/t20101201_ 403060.html；《海外华文教育：华侨大学的神圣使命》，中新网，2010 年 11 月 9 日，http://www.chinanews.com/hwjy/2010/11 - 09/2644515.shtml。

　　此外，中国领导人在出访时，也开始有计划地安排考察华文学校。此举一方面彰显了中国政府对海外侨胞传承民族语言文化的关心与重视，从而相应地引起侨胞住在国政府对华文教育的关注和支持；另一方面，也是对海外华侨华人社会开展华文教育的充分肯定，尤其是对长期坚守在华文教育第一线的广大华文教育工作者的巨大鼓舞。比如：1999 年 12 月 12 日，时任全国政协主席李瑞环考察了日本神户中华同文学校，并题写了"办好华侨学校，促进中日友好"的题词予以鼓励；[①] 2007 年 9 月 15 日，时任全国政协主席贾庆林也参观了日本神户中华同文学校；[②] 2008 年 5 月 9 日，时任国家主席胡锦涛专门视察了日本横滨山手中华学校，看望该校师生，勉励他们积极传播中华文化，促进中日友好，他也成为访问海外华文学校的第一位中国国家元首；[③] 2013 年 10 月 13 日，国务院总理李克强考察了泰国清迈崇华新生华立学校，寄语华校师生当好中泰交流的使者，让中泰友谊深深扎根两国民众心中；[④] 2015 年 7 月，全国政协主席俞正声在对泰国进行正式友好访问时，也参观了崇华新生华立学校，勉励学生们将来为中泰友好做出贡献。[⑤]

　　在内、外多种有利因素的共同作用下，海外华文教育不仅较快

① 《为了中日世代友好——记李瑞环参观神户中华同文学校》，新华网，1999 年 12 月 12 日，http：//news. xinhuanet. com/misc/2001 – 01/02/content_ 495481. htm。

② 《贾庆林参观神户中华同文学校》，新华网，2007 年 9 月 15 日，http：//news. xinhuanet. com/photo/2007 – 09/15/content_ 6726019. htm。

③ 《传播中华文化　促进中日友好——记胡锦涛主席参观横滨山手中华学校》，新华网，2008 年 5 月 10 日，http：//news. xinhuanet. com/newscenter/2008 – 05/10/content_ 8138691. htm；《发展华文教育正当时》，《人民日报》（海外版）2009 年 10 月 22 日，第 06 版。

④ 《李克强参观清迈崇华新生华立学校》，新华网，2013 年 10 月 14 日，http：//news. xinhuanet. com/2013 – 10/14/c_ 117697655. htm。

⑤ 《俞正声对泰国进行正式友好访问》，新华网，2015 年 7 月 24 日，http：//news. xinhuanet. com/politics/2015 – 07/25/c_ 1116035902. htm。

地复苏起来，而且迈向了复兴的新征程，迎来了大发展的又一个春天。首先，各国对华文教育的态度有了较大转变，由原来的禁止、漠视，转变为默许、允许，有的甚至给予了一定的经费支持，华文教育发展有了一个相对宽松的政策环境；其次，华文教育从内容、形式到规模都有了很大的提升，在各国的影响力持续增强；最后，华文教育加快走出"华人圈"，广泛辐射到各国主流社会，成为其他族裔学习汉语和中华文化的重要选项之一。

总之，海外华文教育发展的外部环境和内在条件都有了根本性的改善。因此，在历经曲折、低潮和变革之后，海外华文教育终于迎来了繁荣发展的可喜局面，并呈现多元化办学新格局。如果说华文教育的繁荣是因应时代发展的潮流，那么多元化的办学格局则更多地适应了不同国家、不同地区的实际情况。据不完全统计，目前世界各地有各种类型的华文学校近两万所，专职、兼职华文教师20多万人，在校学生数百万人。

海外华文教育漫长的发展历程，既充满艰辛与曲折，又显示了强大的生命力，可谓韧性十足。综合来看，海外华文教育可以说是目前根植最深、覆盖最广、相对正规、比较系统且更为有效的海外中华语言文化教育形式，在保持华侨华人民族特性、维系其与祖（籍）国情感联系、促进中外人文交流等方面发挥着越来越重要的作用。

第四章　案例研究

实践证明，"一带一路"建设与华文教育发展是相辅相成、相互促进的。一方面，近年来，随着中国同"一带一路"沿线国家合作的不断深入和拓展，"汉语热"成为一种鲜明可感的亲近，汉语教学在沿线各国愈发普及，学习汉语成为当地民众特别是青少年的一种"时尚"与"潮流"。在此形势下，华文教育也随之进一步蓬勃发展起来。另一方面，随着华文教育的发展，特别是"三化"建设的扎实推进，汉语和中华文化加快走向世界，"一带一路"沿线国家民众对中国的了解与认知有了较大的提升，彼此之间的心更近了、情更深了，为全面推进"一带一路"建设打下了更为坚实的民意基础和更加牢固的社会根基。

俗话说："窥一斑而知全豹。"我们分别选取了意大利、缅甸、泰国、蒙古国、菲律宾五个较具代表性的国家作为案例，既回顾和介绍华文教育在当地的发展历史与现状，又分析"一带一路"建设给华文教育发展带来的新机遇、新变化，同时针对存在的问题与不足谈思路、谈建议。

第一节　意大利华文教育现状及发展趋势分析[*]

一　最好的时机

近年来，中意两国领导人互访频繁，"一带一路"建设不断推进，中意间的政治、经济和文化交流日益密切。意大利华文教育也伴随着全球"汉语热"的大潮不断升温。近几年，意大利甲级足球联赛 AC 米兰和国际米兰等知名足球俱乐部，以及意大利多家知名企业相继被中国企业收购或者并购，意大利有望成为继英国之后中国在欧洲最大的投资目标；大量的中国游客前往意大利，良好的中意关系和意大利得天独厚的自然历史景观，让意大利成为中国游客十分钟爱的旅游目的地；随着"中国制造"向"中国创造"的转型，大量的国产自主品牌在意大利市场占据了一席之地，如华为、联想、TP-LINK 等企业成为意大利同行业领域中的翘楚。除此之外，打开中国市场也是许多意大利企业和在意华侨企业重要的战略发展方向，尤其是一些高科技类型的中、小意企，与中方进行资本合作的意愿十分强烈，意大利政府甚至为此推出了投资移民签证。

根据意大利统计局（ISTAT）对华裔在意居住人口的统计，截止到 2017 年 1 月 1 日，在意大利注册的华侨人数约为 28.2 万^①，绝大部分的华人华侨子女希望获得优质的华文教育资源，除了文化

---

　　*　〔意〕李雪梅，中意国际学校校长。

　　①　ISTAT：*Stranieriresidenti al 1 gennaio-Cittadinanza*，http：//dati. istat. it/Index. aspx？QueryId = 1974811.

认同和传承的需求外，中国的快速发展也让华人华侨振奋不已，学好中文早已成为华人圈的共识。

不仅是华人华侨已经认识到学习中文的重要性，许多意大利人也将掌握中文作为寻求就业、企业拓展业务和国际贸易交流的必要技能，他们还将自己的子女送到华文学校或当地的孔子学院学习中文，将其作为一种前瞻性的投资。

意大利华文教育市场可以说是风生水起，伴随着不断增长的市场需求，各地的华文学校如雨后春笋般迅猛发展。目前较大的华文学校有二十几所，小型的华文教学单位更是零星分布在意大利各个地区。从整体上来看，目前意大利华校的发展正从"野蛮扩张、恶性竞争"阶段转向"以市场为依托、打造精品教育"的内涵提升阶段。虽然仍然存在诸多先天性和客观的制约因素，但在国务院侨务办公室（国侨办）以及中国驻意大利大使馆、各领馆的指导和帮助下，伴随着华文教育市场的不断细分、提升和优化，意大利华文学校近年来的发展势头和总体趋势良好。

二　历史的斑驳

（一）在意华人移民简史

根据相关资料，意大利华人移民最早可追溯到 19 世纪 90 年代[①]，华人移民最先从法国和荷兰等欧洲国家迁入意大利；从 20 世纪四五十年代开始，更多的华人移民陆续迁往米兰地区经商，并逐渐分散到其他城市；20 世纪 80 年代以来，随着中国的改革开放

---

① 中国人最早到意大利的时间是 1898 年，见李雪梅《意大利华人移民文化研究》，湖北大学博士学位论文，2011。

和意大利移民政策逐渐宽松，在意大利形成了巨大的华人移民潮。近年来，米兰华裔移民的二代、三代已经开始讨论和整理家族在意发展史的资料，目前已有的著作包括《春秋》[①]《来自浙江的米兰华侨一百年》[②] 等，他们的祖辈、父辈有的已经与意大利人通婚，基本融入了意大利本土社会。

经过近 40 年的代系发展，现阶段大量华人移民的二代和三代正处于学龄期。

（二）意大利华文教育发展历程

1. 第一个阶段

20 世纪 90 年代中后期，华文教育开始进入初始发展阶段，由最初的家庭补习班逐渐发展为有组织的华文学校，教育产业的正规化在一定程度上带动了市场需求的扩大。另外，鉴于华人移民的工作时间较长，对子女的照顾时间不足，越来越多华人移民的子女在公立学校放学后被送到华校参加课后补习班或者周末班，专门学习中文。例如，米兰市的华文教育兴办于 1996 年，米兰华侨华人工商会开办了第一所华文学校，办学之初就设有 3 个级别的中文班，学生达 100 多人。

2. 第二个阶段

进入 21 世纪后的头十年，意大利华校进入快速发展阶段，不少华校人数激增，并开始拥有固定的教师队伍，超过百人的华文学校迅速崛起。截止到 2010 年，意大利有 20 多所较大的华文学校，

---

① 《春秋》，参见 CiajRocchi e MatteoDemonte. Primavere e autunni（春秋），Becco Giallo，2015。

② 《来自浙江的米兰华侨一百年》，参见 Ciaj Rocchi e Matteo Demonte. Chinamen, Un secolo di cinesi a Milano, Becco Giallo, 2017。

集中在米兰、普拉托、帕多瓦、佛罗伦萨、罗马等华人聚居较为集中的区域。21 世纪头十年华校人数的增长是以倍数计算的，如帕多瓦的金龙学校，2001 年建校之初只有 20 名学生，截止到 2009 年已经有 300 多名学生；2006 年建校的罗马中华语言学校，到 2010 年也有近 300 名学生，较建校之初增长了四倍。截止到 2010 年，比较大的华校有金龙学校、普拉托华人华侨联谊会中文学校、基督教罗马华人中文学校、米兰华侨中文学校、米兰第一中文学校、佛罗伦萨中文学校等。

三 发展的拐点

（一）意大利华文教育现状（2010 年以后）

1. 教育规模

据统计，目前意大利学生规模在 200 人以上的较正规的华文学校有 20 多所，仍旧主要分布在米兰、罗马、佛罗伦萨、帕多瓦、普拉托、那不勒斯等地，其中金龙学校、米兰华侨中文学校、普拉托华人华侨联谊会中文学校、基督教罗马华人中文学校、佛罗伦萨中文学校、米兰第一中文学校、罗马中华语言学校、米兰龙甲中文学校、中意国际学校九所华文学校先后被国侨办评为"海外华文教育示范学校"。

2. 组织形式

当前意大利华文教育仍旧以业余华校为主，大部分仍由当地华商出资创办，同时他们也作为管理人员参与教师招聘、招生和管理工作，如米兰华侨中文学校等。少数由华人商会、社团等出资筹建，由社团推举代表管理学校，如普拉托华人华侨联谊会中文学校。个别华校由当地侨商成立专门的教育公司，董事会与管理团队分离，并在当地政府注册为正规的全日制学校，同时开设中文、意大利语、英语等多种课程，如帕多瓦中意国际学校。

3. 教育形式

意大利华文教育主要分为周末制、下午制、业余全日制（每天下午）和学历全日制教育。周末上课的华文学校仍占多数，但是随着近几年华文教育需求的增长，很多华文学校也开设了周一到周五的下午班，或者开设周一到周五下午班加周末班相结合形成的全日制班级；当然也有部分中文学校与当地意大利中小学联合办学，利用意大利学校放学早、间隙大的优势，采取见缝插针的教学模式。目前只有帕多瓦的中意国际学校实现了华文教育的全日制学历教学（下文将详细介绍）。

4. 教学对象

华文学校的教学对象仍旧以华侨子弟为主，但是随着中国国际地位的不断提升，中意交流日益频繁，很多意大利适龄儿童以及成人也开始进入华校学习汉语。其中，意大利帕多瓦中意国际学校近30%的学生为意大利人。

5. 教材配置

目前意大利华文学校主要使用的教材有暨南大学华文学院编写的《中文》[1] 和人民教育出版社编写的《语文》[2]，部分学校使用北京华文学院编写的《汉语》[3]。此外，有的学校也在使用其他教

---

[1]　贾益民主编《中文》，暨南大学出版社，2006。
[2]　崔峦、蒯福棣等主编《语文》，人民教育出版社，2016。
[3]　彭俊主编《汉语》，暨南大学出版社，2007。

材，如《你好，中国》（李雪梅编）[①]、《快乐汉语》（国家汉办组织编写）[②] 等。目前，也有个别华校根据教学需求同时采用多种不同类型的教材进行教学。

6. 教师构成

意大利华校的教师主要以各校所在地的华人、留学生以及国侨办或者其他机构的外派老师为主，能够留在当地长期从事华文教育的专业教师仍旧十分匮乏。

（二）华文教育发展存在的诸多问题

尽管意大利华文教育在近几年取得了长足的发展和进步，但是一些基本的制约性因素仍然不少，一些影响海外华文教育发展的因素仍然存在，主要体现在以下几个方面。

第一，华文教育经费不足。大部分华校校舍为租赁，教师自聘，租金和教师薪酬不菲；学校经费的主要来源是学生学费，一些生源不稳定的学校极容易受到影响；许多华校由当地华商或者华侨社团投资，在经济不好的情况下很多华人华侨放弃了对华文教育的投资，使得华校发展不具备延续性。

第二，华文学校管理体系不健全，管理者的水平亟待提高。意大利华校的管理者多为学校初创阶段的华商华侨，本身并不具备教育管理方面的经验，仅有的经验也多是在学校发展的实践过程中自己摸索出来的，因此在学校进入规范发展阶段时，专业管理经验不足的问题日益显现。在追求更高教学质量和品质的同时，这些学校的管理者并不能很好地把握教学规律，也不能构建合理的办学模

[①] 李雪梅主编《你好，中国》，意大利 Cafoscarina 出版社，2004。
[②] 李晓琪、罗青松、刘晓雨等编《快乐汉语》，人民教育出版社，2003。

式，适应新阶段华文教育市场的需求，导致学校教学质量不高；同时，鉴于教育行业周期长，当出现问题时很多华校已经岌岌可危，造成了很大的负面影响。另外，很多华校学生构成较为复杂，生源层次千差万别，一个班级里学生不仅年龄有很大的差别，中文水平和学习能力也存在不小的差距，导致教育管理难度加大。一旦教学管理者经验不足，处理不好教学和管理的某个环节，极易发生教学偏误。

第三，三教方面（教材、教师、教法）也存在诸多问题。

一是师资队伍稳定性低、专业性差。前文提到的三类华文教师，除了在当地常驻的教师以外，留学生和外派教师流动性较大，而当地的常驻教师和留学生又基本不具备专业知识，因此专业水平不高，教师的频繁更迭更是极大地影响了教学秩序的完整性和延续性。另外，当前华文教师培训和华文教师资格考核认证体系尚不成熟，培训时间和教学时间又往往冲突，远程培训和函授培训尚未形成有效成熟的机制，导致海外华文教师缺乏足够的进修机会，海外华文教师由"输血"向"造血"的转变还需要相当长的时间才能实现。

二是教材本土化程度不高。前文提到的几种常用教材各有优缺点，广泛使用的《中文》教材文化性和文学性不高，很难使学生达到高层次的中文水平；而人教版的《语文》难度较大，很多华裔学生在不具备汉语环境和一定中文基础的情况下，不能很好地吃透教材，挫伤了学习的积极性。因此，本土化的、能够适合意大利华裔青少年使用的中文教材目前还没有。

三是教学方法陈旧落后。海外华文教师整体水平较国内滞后多年，很多教师的教法仍然停留在填鸭式、满堂灌的教学阶段，在没有充分语境的情况下，许多教学方法违背了教学规律；同时，鉴于校舍的落后和部分教师不愿意使用新媒体作为教学手段，一些互动性强的多媒体教学资源不能够被充分利用，这也导致了华文教学中现代技术应用的不足。

（三）意大利华文教育新阶段的特点

从 21 世纪的第二个十年开始，华校的发展转入新的阶段，很多华校开始探索学校建设的正规化、教学管理的标准化和师资团队的专业化，主要体现在以下几个方面。

一是开始注重课程设置的多样性和文化性。从原来常设的舞蹈课、书法课、剪纸课等扩展到钢琴课、武术课、科技创新课、中国数学课、声乐辅导课等，以更好地满足华侨对子女的多样化培养的需求，华文教育市场更加趋于多元化，文化性也更强。

二是注重国际合作与互访，积极推行"走出去"和"请进来"。很多华校与国内的联系日益密切，通过国侨办和各地侨办及社会机构的帮助，积极组织一些文化交流活动，比如"寻根之旅"夏（冬）令营、文化大乐园，主办或参加华人春晚，以及组织前往各国的暑期夏令营和其他文化交流活动，举办中文诗歌朗诵大会和中文比赛等；部分华校也开始接待国内的来访团和文艺团体，比如国侨办"名师巡讲团"、国内各地的歌舞团和其他文艺机构组织的文艺演出团体等。2017 年 8 月 25 日，中意首个政府间的华文教育协议在威尼斯诞生，国侨办文化司与意大利威尼托大区教育厅正式签署了关于提供更多华文教育资源和在大区推广华文教育的官方协议，这意味着推广华文教育上升到政府合作的战略层面，这也为未来华文教育的发展提供了更为开阔的思路和更大的发展机遇。

三是很多华校逐渐意识到恶性竞争造成的弊端，开始整合资源、谋求共同发展。2017 年 8 月 24 日，意大利中文学校联合会正式成立，理事学校共有 29 所，意大利首个全国性的华文教育组织诞生，该联合会基本涵盖了意大利较大的中文学校，这将更进一步整合意大利华校教育资源，促进华文教育的快速发展。

四是海外华文教育逐渐与当地社会融合，得到意大利当地政府和本土社会的认可。帕多瓦中意国际学校被帕多瓦省列为 18 所重点中小学之一，其教育模式被当地政府及教育机构肯定并得到推广，2018 年 1 月 19 日在该校召开威尼托大区中、小学校长研讨会，集中学习中国教育体制下的中文和数学教学法，体现了当地社会对华文教育的重视，对中国教育模式的肯定。现在意大利很多大区的国立中小学已经开设中文课程，部分高中还将中文列为高考科目。2016 年 9 月，意大利教育部颁布了高中阶段的五年制中文教育大纲，并与其他欧盟语言教学体系和考核评估等级进行了同步匹配，这意味着中文作为新一门外语正式走入意大利基础教育的课堂。

四　未来发展趋势

下文以意大利帕多瓦中意国际学校为例，介绍其发展理念和规划，并阐述海外华文教育的创新发展模式。

（一）中意国际学校基本情况

目前，随着华文教育本土化的发展，对华文教育需求的持续增加，华文学校的发展方向也逐渐由单一的华文教育发展为汉意双语或者多语教育。2013 年 9 月建立的中意国际学校，是欧洲第一所由华人创办的全日制寄宿学校，摆脱了周末补习班和业余班的局限，让华校终于走上了学历教育的舞台。这不仅填补了欧美海外华文教育无学历建制的空白，也开拓了海外华校新的多语教学管理模式。中意国际学校位于帕多瓦市，占地面积 6500 平方米。现设有幼儿园、小学部和初中部，2018 年 9 月开设高中部。学校按照中意两国教学大纲安排课程，中文课采用国内人教版教材，以便学生达到国内同年级同等水平。任课老师均具备教学资质，为专业的汉语教师。中文教育成为该校的特色和品牌，不但满足了很多华裔青少年对于双语学习的强烈需求，还吸引了大量意大利青少年来校学习。2017 年 8 月 26 日，国务院侨办裘援平主任在视察中意国际学校时提出：中意国际学校是一所创新型的华文教育示范学校，该校的教育理念和办学模式值得推广。

（二）中意国际学校特色

1. 本土化程度高

多年来，海外华文教育发展虽然取得了长足的进步，但仍有其局限性，许多华文教育机构游离于主流教育序列之外，其中一个主要原因就是许多国家的华文教育机构未被纳入主流教育体系，缺少相应的政策保障与支持。① 中意国际学校打破了这种束缚，虽然在筹备建校期间遇到了种种困难，但仍旧积极寻求和整合各方教育资源和社会资源。在经过大量的协调统筹后，中意国际学校获得了意大利教育部的认可，成功地进入了意大利全日制国立教育体制序列。学生毕业后可以获得与意大利国立学校同等资质的毕业文凭。这是海外华文教育本土化发展的重大突破和历史性事件，这意味着学校可以面向全意大利社会进行招生，教学模式也突破了业余周末班和补习辅导班的发展瓶颈，步入了全日制正规化管理阶段。

---

① 陈水胜：《海外华文教育发展的"形"与"势"》，《世界华文教育》2016 年第 1 期。

2. 校园文化多元融合，国际化程度高

构建多元文化融合的校园氛围，以此为基础推广中文和中国文化，实现华文教育事业在更高层次上向前发展。中意国际学校成立以来，意大利籍学生占30%，中国籍及华裔学生占50%，其他学生占20%。各国学生在学校里接受中、意、英三语教育，实现了不同肤色、不同国籍的深度融合。朝夕相处，共同学习，让外籍学生从各个层面近距离接触中文和中国文化，尤其是一些日常的德礼教育及行为引导，将中国传统文化优势发挥得淋漓尽致。在中意国际学校，学生见到老师会鞠躬并问老师好，尊师重道；去食堂吃饭自觉排队，相互礼让；看到同学遇到困难会及时伸出援手，相互帮助。"民族的才是世界的"，这些礼仪道德规范在日常的训练中不断养成，得到了不同肤色与民族学生的共同认可，形成了一种崭新的校园风气。在此基础上，中文及中国文化的推广自然是水到渠成，事半功倍。在这样尊重个性、讲求"和而不同"的校园里，教师能够充分做到因材施教，学生可以充分认同多元文化。很多外籍学生热爱学习中文，中国文化已成为他们血液中的一部分。

在中意国际学校的校园文化中，学生家长与学校师生普遍认为："不会意大利语就不能生存，不会英语就没有工作，不会汉语就没有未来。"把握好意、英、中三语教学的比例与质量，在基础教育阶段实现学生多语言能力的均衡发展十分重要。在中意国际学校的常规课程设置中，意、英、中三种语言均按照意、中教学大纲安排相应的课时，除此之外每周的周二、周三、周四还为不同水平的学生开设了语言辅导课程；同时，利用其他课外活动时间，组织话剧、舞蹈、音乐、书法等社团，让他们通过兴趣活动提高语言表达和社交能力。学校每年除了组织各项教学活动外，还特别注重通过校际或校外活动来开阔学生的视野，提升学生的实践能力。例如，每学年结束时举办的多语舞台剧，以及年底的圣诞晚会、春节晚会等大型表演活动，均采用双语或者三语模式进行。在中意国际学校的校园里，学生使用三种语言交流已经成为习惯；教师团队逐步实现国际化（教师团队由意大利、中国、新加坡、爱尔兰、塞尔维亚、摩尔多瓦和阿尔巴尼亚等国教师组成）。在高度融合的校园生活中，不同背景和不同语言基础的学生大都能够取长补短，共同进步。

除此之外，在国际化的校园里更容易消除偏见和刻板印象，通过更加深入的接触和了解，很多不同肤色和国籍的学生建立了非常深厚的友谊。实践证明，在同伴之间相互学习语言和行为模式所达成的教育效果是惊人的。在这样的模式下，更多的学生不再关注身份背景和民族种族的差异，而是更关注人与人之间的差异与联系，并把生活在这个团体里的每个个体融入到休戚相关的共同体之中。

经过调查，我们发现，在这样的校园环境中，学生在同学关系这一项自评中选择"好"以上选项的比率占总数的70%以上（该测试为学生自我评价，同学关系选项有"非常好、好、一般、不好"）；在入校自评中，那些在原学校受到排挤的学生，在转入中意国际学校后普遍认为中意国际学校的校园文化更适合他们。

在这样一个国际化的校园环境中，学生更愿意接纳不同背景的同伴，也能够通过有深度的学习和体验来理解不同文化的行为习惯，因而也更愿意尊重不同文化的价值。这种"接纳—理解—尊重"的校园氛围自然地打开了不同民族和国家身份的壁垒，因此为实现世界公民的培养目标奠定了坚实的基础。在这样的基础上，华文教育的推广更加符合语言习得及文化认同的规律，也进行得更为顺畅和自然。

（三）中意国际学校发展规划

总目标：立道笃行，以文化人，融合中西方先进的教育理念，培养符合国际标准的世界公民。

1. 探索阶段：2013 年 9 月至 2018 年 6 月

初步形成学前教育、小学及初中的初等教育体系，搭建国际化的教学团队和管理团队，初步实现正规化、标准化和专业化的教学管理模式，创造多元文化融合的校园氛围，初步形成国际化的友好合作关系网络，为实现培养世界公民的教育目标打下坚实的基础。

2. 发展阶段：2018 年 9 月至 2021 年 6 月

建立跨学科的教学团队，建立多元文化融合与协作的管理团队；构建符合国际标准的课程体系、评价体系和教学体系；建立语言高中部，提升国际汉语教学的学科深度，并形成完整的 K12 教育体系；形成独具特色的国际化教育品牌，并为进入 IB 教育序列打下基础。

课程体系、评价体系和教学体系方面的具体目标如下。

（1）课程体系：在符合教学大纲要求的基础上，实现传统学科体系和超学科课程体系的有机融合。因此，要求教师团队开发新的跨学科模块化教学方案，尤其在语言教学领域，可以创造性地建立主题式多语课程（中、英、意三语同步的主题式课程）；在社会学科、艺术学科领域实现多元文化综合课程等（如世界多元文化的多语协同课程，艺术课的中外艺术对比课程等）；在科学领域、数学领域和体育及社交教育、个人教育领域也可以形成相应的跨学科课程。

（2）评价体系：在评估知识实际能力的基础上，还要评估学习者的知识运用能力、自我学习能力和创造能力，同时评估学生的实际操作能力和社交能力。除完成意大利本土标准课程测试之外，在高中教育阶段还要尝试探索本土化 IB 课程的评估模式。

（3）教学体系：在国际化多学科教学团队的基础上，构建以学习者为中心的教学模式，主要体现为实现对教学对象的准确评估，确保教学环节的高度契合与有效衔接，有效处理教学对象的反馈并促进各方面的协同发展（即建立有效的"反馈—评估—处理"模式）。

3. 稳定阶段：2021 年 9 月至 2023 年 6 月

形成符合 IB 标准的大学预科教育体系和与之相匹配的基础教育体系，加入国际文凭组织①；实现本土文化、中国文化和国际文化的完美融合；形成多语境模式下的国际汉语教育模式；构建更为广阔和有深度的国际化教育合作平台，将学校优秀毕业生输送至中国以及欧美名校。形成稳定成熟、梯度合理、专业水平层次较高的国际化教学管理团队；构建学生自我管理、自主学习的校园体系；提升学校的科研能力，形成深厚的校园文化底蕴。

五　结语

意大利在"一带一路"建设中具有非常重要的地位，是古代丝绸之路的终点和海上丝绸之路的交会点，可以说在意大利做好国际化的华文教育意义重大。在中共十九大报告中，习近平总书记指

---

① 国际文凭组织（International Baccalaureate Organization, IBO）创立于 1968 年，是一个经联合国教科文卫组织注册的非营利的国际教育基金会，是世界公认的国际教育的领跑者。

出，要"坚定文化自信"，"推进国际传播能力建设，讲好中国故事"。国侨办裘援平主任多次提出：要培养更多的双语人才参与"一带一路"建设。因此，意大利的华文教育不仅是一份普通的工作，更是一份功在当代、利在千秋的大事业。我们应该正视当前存在的问题，努力寻找对策，大胆探索，创新发展，把握时代契机，让懂中文、懂中国文化的意大利华裔青少年成为中意两国人民民心相通的桥梁，为中国梦的实现和中华民族的伟大复兴贡献力量，同时创新发展思路，在更高层次和平台上培养青少年健康成长，实现不同文化间的高度融合，形成独具特色且开放包容的校园文化底蕴，与世界名校接轨，培养更多符合国际标准的世界公民。

第二节　缅甸华文教育概况[*]

缅甸是"一带一路"重要沿线国家，现有华人华侨同胞约200万人。缅甸的华文教育有着悠久的历史，是海外华文教育的重要国家。为了了解当前缅甸华文教育的具体情况，笔者先后两次（2013年1月和2017年7月）访问了仰光、曼德勒、东枝、腊戍和彬武伦五个城市的十余所华文学校，发放了300多份调查问卷并访谈了部分华文教师，获取了大量的第一手资料。下文简要介绍近年来缅甸华文教育的总体情况、各地概况及基本特点，最后就当前缅甸华文教育中存在的问题提出建议和对策。

* 娄开阳，语言学博士，中央民族大学国际教育学院副教授，主要从事海外华文教育国际汉语教学和现代汉语篇章语法研究。本文为国家语委"十三五"规划项目"'一带一路'国家本土中文师资样板数据库构建研究：以缅甸为例"（YB135-24）的阶段性研究成果。

一　总体情况

缅甸华文学校都是私立学校，是由当地华侨华人捐资创办的，属于补习班学校，绝大多数尚未取得正式的办学资质，处于缅甸政府默许办学的状态。缅甸目前共有约 1000 所华校①，主要分布在缅甸北部地区，如曼德勒、腊戌、抹谷、彬武伦、东枝、当阳等地。②

下面从缅甸华文教育的区域分布、总体学制、教学模式、生源情况、师资情况、教材情况以及课时安排等方面简要介绍缅甸华文教育的总体情况。

1. 区域分布

缅甸的华文教育泾渭分明地分为缅甸北部地区和缅甸南部地区。20 世纪 60 年代中期，缅甸政府曾将全部华校收归国有。缅北地区由于远离政治中心，华文教育恢复得较好；缅南地区靠近政治中心，华文教育遇挫后一直未能发展起来。

（1）缅北地区：曼德勒、腊戌、东枝等缅甸北部地区由于离之前的首都仰光较远，尽管采用补习班的形式，但是较好地保留延续了华文教育。此后以办佛经学校等宗教学校的形式重新开办了华文学校，传统华教艰难恢复。

（2）缅南地区：以仰光为代表的缅甸南部由于处于政治中心，政府管制较严，因此华文教育基本断绝。近年来华文教育恢复得也较慢，目前仍处于起步阶段。

2. 总体学制

总体学制与中国的学制设定基本一样，其中幼儿园（或

---

① 这是缅北华文教育协会常务副会长杨新业先生告诉笔者的，在此谨致谢忱！
② 这些华文学校除招收华侨华人子弟外，也招收当地的缅人。

称"幼稚班")1年、小学6年、初中3年、高中3年。学生高中毕业后可申请攻读中国大陆的高校或参加台湾地区联考。

3. 教学模式

与对缅汉语教学不同,传统华校采用的是以汉语作为母语的教学模式,前者采用的是以汉语作为外语的教学模式。不过在缅南地区,部分华侨华人子弟进入孔子课堂学习,孔子课堂采用的是以汉语作为外语的教学模式。

4. 生源情况

基本为华侨华人子弟,年龄多为5~20岁。除了华侨华人子弟外,也有很多缅族人和一些缅甸的少数民族学习汉语,如回族、傣族、克钦族、傈僳族、克伦族等。

5. 师资情况

主要为缅甸本土教师,具体情况如下。

(1)性别:教师性别失调,其中女教师占79.1%,男教师占20.9%。

(2)年龄:年龄出现断层,其中30岁及以下的占70.3%,31~49岁的占18.2%,50岁及以上的占11.5%,目前处于青黄不接状态。

(3)学历:未上过大学的占43%,大学(含大专)占36.7%,大学以上的占4.9%[①]。说明约有四成的本土华文教师未上过大学。

除了本土华文教师之外,还有少部分教师是国务院侨办或云南省侨办外派的国内教师和国家汉办派来的志愿者教师。

6. 教材情况

大部分缅甸华校使用的是中国大陆九年制义务教育教材(改

---

① 由于有部分问卷未填,因此各部分数据总计不是100%。

编版）和北京华文学院编写的汉语系列教材；也有部分学校使用台湾地区的教材。小学的汉语教材一共有 12 册、初中教材共有 6 册、高中教材共有 6 册。

7. 课时安排

由于学生要同时入当地缅校学习，因此只能利用早晚的时间来学习华语。除了周日和法律规定的节假日以外，周一到周六均为正常上课时间。大部分华校上课时间为早上 6：00 ~ 8：00，下午4：00 ~ 6：00，一周上六天，周日休息。也有部分缅北华校的上课时间为早上 6：00 ~ 8：00，下午休息；周六、周日的上课时间为早上 7：00 ~ 中午 11：50。

二　各地情况

下面分别介绍曼德勒地区、腊戌地区、东枝地区、彬武伦地区和仰光地区的华文教育概况。这里的"地区"是指以该城市为中心的整个区域，并不仅限于该城市一地。

1. 曼德勒地区

曼德勒地区有多所华校，较大的有孔教学校、云华师范学院、福庆学校、新世纪学校、昌华学校、明德学校等。其中福庆学校设有孔子课堂，详情参见表4 - 1。

表 4 - 1　曼德勒地区主要华文学校一览

单位：人

序号	学校	人数	教材	备注
1	孔教学校	3000	台湾地区教材	历史上曾达到7000 ~ 8000 人
2	云华师范学院	1500	中国大陆九年制义务教育教材（改编版）	

续表

序号	学校	人数	教材	备注
3	新世纪学校	1100	中国大陆九年制义务教育教材（改编版）	
4	昌华学校	500～800	中国大陆九年制义务教育教材（改编版）	
5	福庆学校	300	中国国侨办和国家汉办的教材	国侨办的有《汉语》《说话》；汉办的有《快乐汉语》《长城汉语》《跟我学汉语》《汉语乐园》《当代中文》《发展汉语》等
6	明德学校	100	中国大陆九年制义务教育教材（改编版）	

资料来源：根据笔者 2017 年暑期赴缅甸实地调查情况整理。

曼德勒地区的华校中，孔教学校的人数最多，历史上曾达到 7000～8000 人，主要原因是该校使用台湾地区教材，可参加台湾大学的联考。不过近年来，孔教学校的学生人数渐少。云华师范学院、昌华学校和新世纪学校等华校都使用中国大陆九年制义务教育教材（改编版）。缅甸北部的华校也成立了行业协会，如"缅北华文教育协会""缅北华文/汉语教学促进会"等，二者在办学理念、办学方式、教材选择和教师聘任等多方面都存在差异。

2. 腊戍地区

截至 2017 年，腊戍地区共有华校 93 所，有教师 1048 人，学生 34327 人。① 其中学生人数超过 1000 人的华校有腊戍黑猛龙中

---

① 这是 2017 年的数据，据腊戍果文文教会副会长张湘武先生告知，目前已有注册会员华校 100 所。

学、腊戍果文中学、腊戍圣光中学、腊戍明德中学、腊戍果民学校、腊戍圣恩学校，以及当阳华文小学和当阳孔圣佛经学校等，[①]参见表4－2。

表4－2　腊戍地区主要华文学校一览

单位：人

序号	学校	人数	教材	备注
1	腊戍黑猛龙中学	1950	同时采用中国大陆和台湾地区的教材	2018年全校有1950名学生；初中以大陆教材为主，高中以台湾地区教材为主
2	腊戍果文中学	1337	同时采用中国大陆和台湾地区的教材	幼儿园、小学一年级和二年级、初中一年级用的是大陆九年制义务教育教材（改编版）；其余使用台湾地区教材
3	腊戍明德中学	1113	台湾地区教材	台湾地区教材[*]
4	腊戍圣光中学	1331	不详	不详
5	腊戍果民学校	1005	不详	不详
6	腊戍圣恩学校	1002	不详	不详
7	当阳华文小学	1596	不详	不详
8	当阳孔圣佛经学校	1299	不详	不详

注：＊这是腊戍明德中学姜鸿明校长告诉笔者的，在此谨致谢忱！
资料来源：根据笔者2017年暑期赴缅甸实地调查情况整理。

腊戍地区的华校有以下三个特点。

（1）主要是以缅甸少数民族果敢族的民族文字（果敢文，即华文）保留下来的，[②] 这与其他地区以佛经学校的形式保存下来的华校不同，而缅甸有保护少数民族语言文字的法律规定，因此腊戍

[①] 相关数据是由腊戍果文文教会副会长杨善麟先生提供的，日期截止到2017年，在此谨致谢忱！

[②] 在缅甸的汉族被称为果敢族，果（敢）文就是华文。

地区的华校教育基本上没有中断，发展较好。

（2）华校建设较为正规，教学质量较高，学生素质较好，学生人数较多，管理规范。如笔者访问过的腊戍果文中学和明德中学的教师日常均统一穿着校服。果文文教会亦很注意延聘优秀教师任教。其会员学校的学生在中国大陆组织的各项比赛中均名列前茅。

（3）腊戍果文文教会的侨领热爱华教，且注意组织的梯队建设。如文教会入会需缴纳一定费用，会长由果敢文化总会副主席柳润苍先生担任，规格很高。同时，华教领域侨领团队的老、中、青搭配较为合理。几位副会长也很注意充分利用各种机会为腊戍地区华教事业争取资源。

3. 东枝地区

东枝地区较大的华校有东枝东华学校、东枝兴华学校和东枝果文学校等。详情参见表4-3。

表4-3　东枝地区主要华文学校一览

单位：人

序号	学校	人数	教材
1	东枝东华学校	700多	中国大陆九年制义务教育教材（改编版）
2	东枝兴华学校	900～1000	中国大陆九年制义务教育教材（改编版）
3	东枝果文学校	500多	中国大陆九年制义务教育教材（改编版）

资料来源：根据笔者2017年暑期赴缅甸实地调查情况整理。

东枝地区华校的特点有以下几个方面。

（1）各华校之间较为团结，虽无华教协会，但比较注意统一行动，资源共享。如在对外交往上通常是三家统一行动，相关资源也比较注意与东宜镇等周边规模较小的华校共享。

（2）侨领及华校领导较年长，侨团梯队配置不甚合理。各校董事会成员均年事已高，中年或青年侨领相对较少。此外，东华学校林光辉校长今年 82 岁，兴华学校尹正昌校长也已 70 多岁，而较少看到中年或青年华校领导。

（3）高中阶段的师资力量薄弱，且青年教师流失严重。老年本土华文教师多半未接受过高等教育；而留学中国的青年教师放弃从事教师职业，人才流失较为严重。[①]

4. 彬武伦地区

彬武伦旧称眉苗，主要华文学校有佛经中学和年多中学，[②]详情参见表 4-4。

表 4-4　彬武伦地区主要华校一览

单位：人

序号	学校	人数	教材	备注
1	佛经中学	1000~1100	以台湾地区教材为主，以暨大《汉语》为辅	
2	年多中学	700 多	以台湾地区教材为主，以暨大《汉语》为辅	

资料来源：根据笔者 2017 年暑期赴缅甸实地调查情况整理。

彬武伦这两所华校的条件相对较差，师资力量也较为薄弱。不少教师并未读过大学，相当一部分教师读完高中或初中之后就开始从教了，并无大学文凭。近年来，中国加大了对该地区华校人才培

---

① 如中央民族大学为东枝地区培养的汉语国际教育硕士原本作为师资储备，但回缅从事华文教学的只有其中的一小部分。
② 相关数据是彬武伦佛经中学副校长胡彬彬女士告诉笔者的，在此谨致谢忱！

养的力度，且收效明显。[①]

5. 仰光地区

目前仰光地区的华教水平与缅北相比还处于起步阶段，主要华文学校有福星学校、东方学校和正友学校等，其中东方学校和福星学校均设有孔子课堂。仰光地区华校的具体情况尚有待于进一步调查，详情参见表4－5。[②]

表4－5　仰光地区主要华校一览

单位：人

序号	学校	人数	教材	备注
1	福星学校	1900	中国大陆教材	总部500多人,4个分课堂1400人
2	东方学校	1150	中国大陆教材	幼儿班200人,一年级以上不详
3	正友学校	820	台湾地区教材	办学历史最悠久

资料来源：根据笔者2017年暑期赴缅甸实地调查情况整理。

缅南其他地区华文教育的详细情况目前尚不清楚，期待今后能有机会做进一步的深入调查。

三　基本特点

缅甸华文教育的基本特点可概括为：三足鼎立、两大错位与两大缺乏。

1. 特点之一：三足鼎立

缅甸华文教育界（主要指缅北）有多家行业协会，目前处于

---

① 如由中央民族大学培养的汉语国际教育硕士胡彬彬老师已担任佛经中学副校长。
② 相关数据是由华教前辈寸时美老师和仰光外国语大学中文系的康泳教授提供的，在此谨致谢忱！

三足鼎立的状态。这三个行业协会分别为缅北华文教育协会、缅北华文/汉语教学促进会和缅甸果（华）文文教会。

（1）缅北华文教育协会：2015年8月在曼德勒市成立，旗下有500多所会员学校，① 占据了缅甸华校的半壁江山，现任会长为尚兴玺先生。

（2）缅北华文/汉语教学促进会：2013年2月在曼德勒市成立，旗下有120多所会员学校，② 不设会长，现任理事单位为曼德勒福庆学校。

（3）缅甸果（华）文文教会：1989年在缅北重镇腊戌市成立，是经缅甸政府批准注册的"缅甸果敢民族文化总会"的下属单位。它是缅甸国内唯一的一个高举民族文化旗号的华文文教领导机构，旗下注册有100所会员学校，③ 现任会长为柳润苍先生。

2. 特点之二：两大错位

缅北地区缅人学习汉语和缅南地区华侨华人子弟学习华语在教学性质上出现了错位。

（1）错位之一：缅北地区的缅人学习汉语是通过进入华校学习的，其教学性质属于以汉语作为母语的教学，而学生的学习性质本应属于外语学习，这是一个错位。

（2）错位之二：缅南地区华侨华人子弟学习华语是通过进入孔子课堂学习的，其教学性质属于以汉语作为外语的教学，而学生的学习性质本应属于母语学习，这是另一个错位。

---

① 这是协会常务副会长杨新业先生告诉笔者的，在此谨致谢忱！
② 这是福庆学校吕子态副校长告诉笔者的，在此谨致谢忱！
③ 这是文教会副会长张湘武先生告诉笔者的，在此谨致谢忱！

3. 特点之三：两大缺乏

缅甸的华文教育在师资上缺乏高学历教师和有经验的种子教师。前者是指缅甸本土华文教师的学历普遍较低，有四成以上的本土教师未接受过高等教育，更缺少拥有硕士学位以上的高学历师资。[①] 后者是指缺乏有资格培训其他教师的教学经验丰富且有理论素养的资深华文教师，我们称之为种子教师。高学历教师和种子教师的匮乏大大限制了缅甸华文教育的发展，成为主要瓶颈之一。

四　建议对策

上述调查结果表明，当前的缅甸华文教育还存在一定的问题。很显然，现行的做法并未完全满足缅甸当地华文教育的需求。我们的建议和对策如下。

1. 充分意识到缅甸在"一带一路"建设中的重要地位

缅甸在"一带一路"国家中具有不可替代的重要地位，主要体现在以下几点。

（1）地理位置重要。缅甸是我们的邻国，在"一带一路"国家中居于重要地位，因此有必要深入研究缅甸的华文教育情况。

（2）自然资源丰富。缅甸的气候适宜，自然资源丰富，有十分丰富的水力资源，中缅双方合作的前景非常广阔。双方良好的合作将有利于中缅双方经济的发展，而华教在其中扮演着重要的角色。

---

① 据笔者赴缅了解的情况，尽管近年来中国为缅甸培养了不少汉语国际教育硕士和博士，但流失严重。

2. 充分意识到缅甸华文教育在中缅关系中的重大影响

各国侨民的母语教育与文化传承似乎并非祖籍国与侨居国双边关系中的重要问题，但缅甸华文教育的情况不同，华文教育问题曾对中缅关系产生了一定的影响。直至现在，缅甸当地华校仍然无法取得教育部合法注册的身份。

因此，充分认识缅甸华文教育的特殊性，深刻意识到缅甸华文教育在中缅双边关系中的重要地位，深入研究缅甸华教历史并以史为鉴是非常有必要的。

3. 承认缅甸华文教育学历，解决与国内高等教育接轨问题

目前制约缅北华校发展的瓶颈，是中国尚未承认缅甸华校的高中学历，无法打通学生来中国读大学的通道。曼德勒云华师范学院之所以在短短的四年时间里迅速发展成为拥有 1500 名学生的大规模华校，就是因为学院采用"2＋1"模式，并且学生最后拿的是华侨大学的大专文凭。

希望相关部门认真考虑这一点，以解决缅甸华校与国内高等教育接轨的问题。例如，承认缅甸华校的高中教育（来华留学的条件是要有缅文学校高中学历，承认的是缅甸高中教育），允许缅甸华校毕业生参加国内的高校入学考试（参加高考或者单独出题考试）。

4. 加强多部门协调，注意缅甸华教情况的特殊性

缅甸华文教育的情况很复杂，教学性质也与其他"一带一路"沿线国家的情况不同。因此，国务院侨办、国家语委和国家汉办在制定侨务政策、相关语言规划和对缅汉语传播策略时要特别注意情况的特殊性和政策的灵活性，建议加强多部门统一协调，对不同类别和不同地域的华文教育宜采取不同的策略和方法。

第三节　"一带一路"背景下的泰国华文教育*

泰国国土面积 513120 平方公里，2017 年人口为 69037513 人①，位于中南半岛中南部，首都为曼谷，东北邻老挝，东南与柬埔寨接壤，西北与缅甸为邻，西南与马来西亚相衔接，北与中国相望，是通往以上国家的天然门户，地理位置优越，是出入太平洋和印度洋的交通要道。

1975 年 7 月 1 日泰国与中国正式建交，是中国全面战略合作伙伴关系国家，中国是泰国第一大出口目的地和第二大进口来源国，两国是不同社会制度国家友好交往的典范。多年来，两国高层交往不断，尤其是通晓中文、热爱中国文化的诗琳通公主自 1981 年起访问中国 40 多次，对中泰两国多层次交往起到了促进和示范作用。

2013 年习近平主席提出的"一带一路"倡议是以共商、共建、共享为原则，以政策沟通、设施联通、贸易畅通、资金融通和民心相通为主要内容，为沿线国家量身而做的面对面、心贴心、实打实的公共产品。在对外交往的过程中，我们不能等经贸关系发展之后再进行文化交往和文化发展，而是应该同步进行，甚至让其开道，以文化交往和文化建设为先导，为经贸关系的发展铺好道，打好人文基础，这样，经贸关系的发展才会更加顺畅。从国际交往的历史来看，凡是人文基础好的双方和多方，经贸关系的发展往往顺利，

---

* 陇睿，昆明华文学校高级教师，云南师范大学汉语国际教育硕士研究生指导教师。
① 世界银行统计数据。

而人文基础不好的相关各方，经贸关系很难大踏步推进。①

周边是中国安身立命之所、发展繁荣之基。在"一带一路"建设具体实施过程中，要倡导民心相通在合作中的基础性作用，从而为"一带一路"夯实民意基础。中国—东盟地区属于儒家文化圈，文化交流一直比较频繁，"一带一路"在中国—东盟自由贸易区这一双边交往平台运用的基础上，将会重塑中国—东盟双边关系，为双方带来增进彼此战略互信的机遇。泰国作为东盟的重要国家，无论民间还是官方，文化交流已成为中泰两国合作的"新引擎"。在此良好背景下，如能以华文教育为抓手，巩固中泰传统友谊，做出样板，既可展示"一带一路"的积极成果，又可传播其带来的正能量，还可促进泰国华文教育的可持续发展。

一　泰国华文教育发展历史

三国时期吴国出使扶南、天竺等南亚、东南亚国家的使者康泰在《扶南土俗》一书中对泰国（时称"林阳国"）做了记载，这是中国史书对现在泰国最早的记录。后来泰国第一个独立王朝素可泰王朝时期，与中国元代有记录的遣使次数合计达 12 次，尤其是1279～1299 年兰甘亨在位时，曾邀 500 名中国陶瓷工匠先后到靠近素可泰的宋加洛设窑烧制瓷器，这是有史以来第一次有记载的大批中国人到泰国定居并参加生产活动。旅泰定居的华人多了，随之出现了"书斋""私塾"，以解决子女教育问题。14 世纪，阿瑜陀耶（大城）王朝建立，明朝时期郑和七下西洋，随行人员中有一些人滞留当地经商。18 世纪，祖籍广东澄海的华裔郑信建立的为

---

① 王义桅:《"一带一路"机遇与挑战》，人民出版社，2014。

期 15 年的吞武里王朝，促使中国东部沿海地区大批移民移居泰国，形成了中国人移居泰国的第一个浪潮。今日研究泰国华文教育的学者都有一个共识：泰国华文学校始创于取代吞武里王朝的曼谷王朝一世皇时期，即 18 世纪 80 年代。从此，华文教育开始在泰国土地上萌发。①

进入 19 世纪后期以后，西方列强觊觎泰国，为了维护国家独立，泰国王室开始了自上而下的改革，使泰国在政治、经济和社会各个方面都有了大发展，中国沿海人民也不断前往泰国谋生。旅泰华侨大幅度增加，华文教育的需求也随之大增，泰国华文教育进入创建和发展阶段。进德学校、育民公学、崇华新生华立学校都是在 20 世纪初成立的，至今在泰国仍享有很高声誉。到 1946 年，泰国华校有 500 多所，达到有史以来最高值。②

冷战时期，泰国推行亲美反共政策。在国际上，泰国追随以美国为首的西方阵营遏制中国，不仅参加东南亚条约组织，派兵参加朝鲜战争和越南战争，而且和台湾当局保持"外交"关系。1952 年 11 月，泰国在国内颁布了"防共条例"，掀起了大规模排华运动，禁止华人团体活动、捣毁华人商店、逮捕华侨爱国人士、封闭华校。从此，泰国华文教育步入低谷时期，进入了萎缩阶段。

二　泰国华文教育现状

1975 年后，中泰两国关系随着建交有所改善，泰国华文中小

---

① 李谋：《泰国华文教育的现状与前瞻》，《南洋问题研究》2005 年第 3 期。
② 李谋：《泰国华文教育的现状与前瞻》，《南洋问题研究》2005 年第 3 期。

学的处境略有好转，但因沉疴已久，很难自愈。为了改变泰国华文教育低迷的状况，推动泰国华文教育的发展，1984 年 4 月，泰国华文教师公会成立；1989 年 3 月，泰国华文民校协会成立。自此，在这两大华教组织的整合下，尤其是在现任主席罗宗正和梁冰的带领下，在包括国务院侨办在内的祖籍国各机构的支持和关心下，泰国各地华文中小学和华文教育步入了新的发展阶段。这两大华教组织在促进泰国华文教师之间的友谊与合作、发放华文教师奖励金、帮扶困难华校、华文教师的培训与本土化建设、学生赴华深造、师生赴华参访、接受祖籍国教师教材支援、华文教育研讨等方面充分发挥桥梁与纽带作用，对促进中泰文化、教育、科技等方面的交流与合作做出了巨大贡献。

如今，属于泰国华文民校协会的理事单位有泰国曼谷华教促进会、泰国西部华文民校联谊会、泰国中部华文民校联谊会、泰国南部华文民校联谊会、泰国东北部华文民校联谊会、泰国东部华文民校联谊会和泰国北部华文民校联谊会七个地区的 119 所华校。[1] 从数量上来看，现在的华校远远低于史上的高峰期，主要原因包括以下几个方面。一是这 119 所华校都是大浪淘沙后生存下来的并已向泰国教育部门注册的合法的全日制学校，且愿意在各地华校联谊会的号召下统一行动、共享各方资源，它们是目前泰国华文教育的生力军和主流力量；二是历史上的华校统计，把夜校、补习学校和家庭学校也纳入其中，而现在全泰国数量众多（有 300 多家）的新老华侨创办的补习学校、补习班、国际学校并未包含在这 119 所里；三是随着汉语成为泰国热门外语，泰国大中小学普

---

[1]　泰国华文民校协会，http：//www.ctathai.com/70467897/news/2016－4－11/462.html。

遍开设中文课，现已不是只有到华校才能学习华文的时代了，因而这 119 所华校不再是过去那种只将中文作为唯一授课语言的学校，而是有侨团侨社背景、华裔学生比率较高、华文课程的周课时比泰文学校多，这也是我们对海外华校的定义。

随着泰国对华文教育的解禁，为稳定泰国华文教师队伍，促进泰国华文教育事业，泰国九属会馆自 1992 年起，每年由其所属的教师奖励基金会为全泰民校在职中泰文教师发放奖励金：教龄 10～19 年，每人 1700 泰铢；教龄 20～29 年，每人 2000 泰铢；教龄 30～39 年，每人 3000 泰铢；教龄 40 年以上，每人 6000 泰铢。2016 年 10 月共计发放 3121200 泰铢，共有 1507 人获得奖励金。①

自 2000 年起，泰国著名侨领、泰华文化教育基金会和前泰国华文民校协会主席陈汉士，每年在春节前夕为慰藉为泰国华文教育敬业奉献的中国籍教师的思乡之情，鼓励他们为弘扬中华文化、增进中泰教育合作与文化交流做出积极的贡献专门举办春节联欢会，并为每位与会中国籍华文教师发放 1000 泰铢的慰问金（2017 年春节共有 300 多位中国籍华文教师参加）。

泰国华文教师公会罗宗正主席联络泰华热心华教侨领，自 2014 年起每年捐资 100 多万泰铢为全泰在职华文教师发放奖励金，以慰问为华文教育薪火相传而做出奉献的泰国籍的资深华文教师："终身成就奖"（35 年教龄以上），每人 10000 泰铢；"杰出贡献奖"（25 年教龄以上），每人 8000 泰铢；"优秀奖"（15 年教龄以上），每人 6000 泰铢。2016 年 5 月共计发放 1598000 泰铢，共有

---

① 泰国《世界日报》，2016 年 10 月 10 日。

209 人获得奖励金。[①]

鉴于当前泰国华文教育发展面临的师资瓶颈问题，为促进华文教师队伍建设，激发教师们的教学热情，泰国华文民校协会设立了优秀校长及教师奖励制度，对那些教学认真、高度负责的校长和教师进行奖励，希望通过此种奖励激发他们的执教热情，带动更多的人投身到华文教育事业中，还特别提出对那些地处偏僻、办学条件艰苦、中文人才匮乏的华校优先考虑资助（每年两所华校各 6 万泰铢）。泰国华文民校协会已连续多年通过清迈地区华人村华文教师联谊会选拔华人村优秀高中毕业生赴曼谷地区任教，接收华校每月发薪 12000 泰铢，梁冰主席每月为其补助 3000 泰铢。

国务院侨办每年在派遣教师、赠送华文教材教辅、组织师生赴华参访深造、表彰资深华文教师、评选海外华文教育示范学校和重点华教组织、资助贫困华校等方面对泰国华文教育给予大力支持。以 2016 年为例，国务院侨办派往泰国的外派教师约 300 人次，赠送华文教材约 50 万册，培训本土教师和参加寻根之旅营员各千余人，表彰资深华文教师 72 人，获评示范学校 10 个（累计 37 个），资助重点华教组织 4 个，帮扶贫困华校 6 个（累计 22 个），援建华星书屋 6 个（累计 18 个），向示范学校、重点华教组织和贫困华校提供 470 万元人民币支持资金。[②]

2014 年，在昆明召开的第二届海外汉语教育国际论坛上，泰国教育部基础教育委员会汉语项目负责人助理世玉透露，2013 年

---

① 泰国华文教师公会，http://www.ctathai.com/70467897/news/2016 - 4 - 11/462.html。

② 数据来自第三届华文教育大会。

泰国共有 1524 所院校开设汉语课程，863056 人学习汉语。① 泰国
是最早与中国进行汉语教师志愿者合作，同时也是接收汉语教师志
愿者最多的国家，自 2004 年以来，孔子学院总部（国家汉办）共
向泰国派出 17 批共计一万多名汉语志愿者。截至 2019 年 3 月，共
建有 16 所孔子学院、20 个孔子课堂（包括部分孔子学院下属的 9
个孔子课堂）。② 曼谷华侨崇圣大学是泰国报德善堂于 1992 年 6 月
创办的，是泰国第一所，也是唯一一所由华人捐款全资兴建的综合
性大学。合艾国光学校、彭世洛醒民学校、芭堤雅明满学校和清迈
崇华新生华立学校属于泰国华文民校协会的会员学校。

现在泰华各界正满腔热情地投入轰轰烈烈的华文教育事业中，
这一方面得益于包括各级侨办和孔子学院总部（国家汉办）在内
的国内各机构的持续支持，另一方面也得益于中泰两国关系友好背
景下泰国政府对华文教育的有利政策和泰国华文教育者的坚守和努
力。

三　泰北华人村华文教育情况③

在泰北华文教育的版图中，有一个地方经常被人们忽视，但又
的确是泰国华文教育的重要组成部分，那就是泰北华人村。这是一
个敏感、特殊而又尴尬的地方。20 世纪 50 年代，原国民党滞泰的
三、五两军残部及其眷属与后裔经泰国皇室、政府同意后，定居于
泰国北部清迈、清莱、密丰颂和达府四省的 13 个村子，后来陆续
形成的主要由祖籍云南的村民构成的村子有将近 100 个。华人村最

---

① 凤凰财经网，http://finance.ifeng.com/a/20141031/13238643_0.shtml。
② 数据来自泰国合艾国光学校孔子课堂。
③ 此部分数据来自笔者在泰北工作期间的访谈和调查。

初被称为"难民村"或"云南村"，2005 年，时任清迈总领事馆侨务副领事许友滋建议各方将之称为"华人村"。目前居住在泰北祖籍云南的村民约有 30 万人，他们生活在异国他乡，大多数还没有任何国籍。云南西部（临沧、保山）方言是这些村落的通用语言，他们的风俗习惯与滇西别无二致。他们身在异国，心系故土，在艰难困苦的风雨岁月里，不忘传承中华文化，坚持创办华文中小学校，让子女接受华文教育。

从 1954 年建村的清莱满堂村、清迈万养村的满堂难童小学、万养华童小学到 2011 年 5 月建校的大谷地教联高级中学，华人村华文教育历经了四个时期：由缅避难入泰的草创时期（1954～1984 年）、泰国政府关闭华校时期（1985～1992 年）、泰国政府开放华教时期（1993～2004 年）和国内进入时期（2005 年至今）。如今，泰北华人村创办了大大小小 119 所华校，这些华校利用晚上和周末，给村中的子弟补习国文、数学、英语、历史、社会等课程，为中华文化在泰北华人村的传承做出了不可磨灭的贡献。目前在校学生共有 2 万人左右，教师不足千人（月薪在 4000～8000 泰铢）。

在 2005 年之前，这个曾经自称"被人遗忘的地方"，与中国大陆基本没有交往。在清迈地区华人村华文教师联谊会的推动下，2006 年 5 月 25 日，中国驻清迈总领事馆彭仁东总领事访问清迈府清佬县大谷地村华兴中学，这是总领事馆建馆 15 年来，中国领事馆官员首次视察华人村和华校。至此，泰北华人村的一些学校正式与中国大陆有了各种交往，但是清迈华校联合会和清莱华文教师联谊会一直和台湾方面有着密切的联系，并与大陆各界保持一定的距离。

在泰北华人村，滇西方言可以说是他们的日常交际语言，也一直在村民中代代相传，本土教师授课也以带有云南方言的普通话为主，所使用的教材一直以台湾出版的全日制教材为主。多年以来，泰北华人村华校在校舍、学校管理、教师、教材和学生继续深造等方面面临着很多问题，尽管国内相关部门在上述几方面都给予过一些帮助，但这些村子经济落后导致家庭的贫困、学校补习性质导致教育教学的起点低、大多数师生面临的身份问题导致求学和工作的不便，制约了泰北华人村华文教育的发展。

为了在泰北华人村发展华文教育、弘扬中华文化、服务海外华侨华人，关注其生存发展，推动整个泰北华人村华文教育向标准化、正规化和专业化发展，清迈总领事馆、国务院侨办、云南省侨办、华侨大学和昆明华文学校开始以华文教育为先导，逐步推进有关华人村的各项工作。之后的吴慧卿、祝伟敏、张伟才、巢小良和任义生总领事，国侨办、云南省委统战部、云南省及部分地州市侨办，国内相关高校学者也多次访问华人村和华校。正如任义生总领事2017年12月在第八届中华文化节开幕式上所说：泰中友谊源远流长，举办文化节就是要把泰中文化拧成一股绳，搭成一座桥——一座万古长青的友谊桥，让海外千千万万的华人华侨在这座有意义的大桥上，为和谐泰国社会、发展泰国经济做出应有的贡献。任义生总领事还承诺，在已有成效的基础上将积极协调各界，加大对泰北华人村华文教育的支持力度。

国内相关机构与华人村的密切交往，带去的不仅是祖籍国的问候与温暖，还有对华人村华文教育的以下几种支持。

第一，为回国深造学生办理中国海外护照。

　　华人村绝大多数学生没有泰国身份，也没有中国或缅甸国籍，他们在外出工作和学习上受到诸多限制。在泰国，如果没有泰国身份，就不能享受到泰国的义务教育，只能作为寄读学生缴纳各种费用，如果使用临时身份，即使大学毕业也不会有毕业证，只能领取一份学校开具的证明材料。只有拿到泰国正式身份证后，才能去补办毕业证书。如果要外出工作，必须要到警察局、县政府领取期限不一的外出证，否则只能永远生活在村子里。

　　为了解决泰北华人村学生的身份及出路，通过多方努力，国务院侨办和云南省侨办直属的华侨大学和昆明华文华校自 2005 年起，每年在清迈总领事馆的协助下，为获得华侨大学录取通知书的泰北华人村学生办理中国海外护照，既给了学生升学的机会，又解决了他们的身份问题，同时也体现了祖籍国对泰北华文教育的关爱。这些持中国海外护照的华人村学生，虽然在第一次使用中国护照出泰国时颇费周折，但只要一进入中国，持这本护照就可出入包括泰国在内的世界各国。

　　第二，组织华人村各种人士回祖籍国参访。

　　泰北华人村和祖籍国中断往来达半个世纪。自 2005 年起，各级侨办、清迈总领事馆每年都通过村长校董的神州行和红烛行、校长教师的回国培训、学生的寻根之旅等活动，让华人村更多的人亲身感受祖籍国的蓬勃发展和河山的壮丽，这既是对他们坚持华文教育的鼓励，也是国内侨务政策的现实体现。尤其是邀请清迈地区华人村华文教师联谊会王相贤会长参加 2015 年 9 月的"世界反法西斯战争暨中国人民抗日战争胜利 70 周年"阅兵式、2016 年 6 月的第八届世界华侨华人社团联谊大会和 2017 年 12 月的第四届世界华文教育大会，不仅彰显了祖籍国对泰北华人村侨务工作的重视和支持，对泰北华人村侨心的凝聚也起到了莫大的作用。

第三，常态化的项目支持。

清迈总领事馆、国侨办、云南省侨办和国内高校每年对华人村华校教学设备（电脑投影、图书教材、文化用品、桌椅教具等）、项目资金（示范华校、贫困华校、重点华教组织、华星书屋、贫寒师生慰问、学生奖助学金、活动经费等）和师资的输送与培训都有固定支持。以 2017 年为例，国侨办共计发送《汉语》系列教材和九年制义务教育教材（改编版）《语文》《数学》近 10 万册，中国华文教育基金会发放奖学金 3 万元，清迈总领事馆资助贫寒师生补助金 5 万元和价值 50 余万元的课桌椅等教学设备。截至现在，已有国侨办外派教师 122 人次和云南民族大学、云南红河学院、云南昭通学院、广西民族大学等高校派出实习教师 489 人次前往泰北华人村华校支教。

四　"一带一路"背景下泰国华文教育的机遇

中泰两国地理相近、血缘相亲、文化相通，友好交往源远流长，双方在经济、社会、文化等领域开展了卓有成效的合作。2006 年 3 月，泰国首家中国工业园区——泰中罗勇工业园开发建设，根据园区计划，未来将引进中国企业近百家，年产值 200 亿～300 亿元人民币，并最终形成一个集制造、会展、物流和商业生活区于一体的现代化综合园区和"工业唐人街"。① 乘着"一带一路"倡议的东风，泰国在中泰铁路、电子商务、房地产、

---

① 《中国日报》国际频道，http://www.chinadaily.com.cn/hqgj/jryw/2012 - 10 - 07/content_ 7171356.html。

旅游、"中国制造2025"与"泰国4.0"的对接、人文交流等方面为泰国搭上中国经济的快车迎来了更多发展机遇，这将有利于将泰国打造成为中南半岛的核心和助力泰国可持续发展并向高收入国家迈进。

习近平主席在2014年6月6日会见出席第七届华侨华人社团联谊大会代表时说："中国梦是国家梦、民族梦，也是每个中华儿女的梦。广大海外侨胞有着赤忱的爱国情怀、雄厚的经济实力、丰富的智力资源、广泛的商业人脉，是实现中国梦的重要力量。"国侨办裘援平主任在2017年12月第四届世界华文教育大会上指出，中国特色社会主义进入了新时代，海外华文教育事业要有新的更大作为。希望广大华文教育工作者坚定文化自信，抓住大好机遇，以不断创新精神全面深化海外华文教育"标准化、正规化、专业化"发展，巩固好、发展好作为海外中华语言文化基础教育首选平台的两万所华文学校，同时创新拓展新形势下的海外华文教育事业。2018年4月，中央统战部副部长、国务院侨务办公室主任许又声强调：按照中央决定，国侨办整体并入中央统战部，侨务工作只会加强，不会削弱。它有利于加强党对侨务工作的集中统一领导，有利于加强侨务工作的统筹协调，有利于更好地发挥有关部门和社会团体的作用，共同做好侨务工作。机构改革后，党和政府对海外侨胞和归侨侨眷的重视和厚爱不会变，侨务部门为侨服务的根本宗旨不会变，凝聚侨力侨心共圆共享中国梦的历史使命不会变。由此可见，新时代针对海外华侨华人的侨务工作已成为国家层面的重要工作。

中泰建交40多年来，两国人民之间的交往蓬勃发展，随着东盟经济一体化和中国"一带一路"倡议的实施、中国—东盟自由贸易区的建立，两国民心相通工程需要进一步加强。在这样的背景下，泰国的华文教育也应当留下自己的足迹。

第一，加强顶层设计，让华文教育成为实施"一带一路"倡议的民意基础。

当前中国改革开放深入，经济快速发展，已成为世界第二大经济体，在世界范围内引发了学习汉语言文化的热潮。"一带一路"建设即将开创全球化3.0时代，"共商、共建、共享"的策略为泰国华文教育的发展提供了机遇。为此，泰国华文教育界除了与泰国政府加强沟通，享有官方教育资源和发展支持，促使华文课程的开设与教学有法律保障外，中泰两国还需加强顶层设计与政策沟通，为泰国华文教育发展保驾护航。

2016年7月教育部印发《推动共建"一带一路"教育行动方案》，2018年3月国务院办公室文化司雷振刚司长与泰国民校教育委员会秘书长帕荣·秦那翁博士分别代表两国政府签署《开发泰王国华文教育合作备忘录》，两国对华文教育提供政策支持。同时，近2000位汉办志愿者和侨办外派教师，以及数千名国内高校派往泰国的实习教师、交换生必将大大推动泰国本土华文教师培训、华文教材编写、举办泰国青少年夏（冬）令营和中华文化知识竞赛活动等，促进两国在华文教育领域的广泛合作，并促使泰国华文教育迈上新台阶。泰国各地的众多华文学校等教育文化机构成为传播中华文化、促进中泰交流的重要平台。

第二，关注重点区域，使华文教育在"一带一路"建设中涵养友好力量。

由于泰国独特的地理位置，其在"一带一路"建设中有三个重点地区。

一是泰北地区。南方丝绸之路和西北丝绸之路、海上丝绸之路同为中国古代对外交通贸易和文化交流的主要通道。而南方丝绸之路的必经地——泰北地区，无论古代还是现在都是连接中国西南地区与缅甸、印度、越南、柬埔寨、老挝和泰国其他地区的重要枢纽，湄公河航运、昆曼公路和将来的泛亚高铁势必给泰北地区带来新的机遇。泰北地区有 98 个"云南村"、119 所华校和 30 万云南籍华侨华人，半个多世纪以来，许多华侨华人在和泰北各族人民的和睦共处中，坚守着华文教育、传承着中华文化，但是仍然有三分之二的华校还在使用台湾教材、聘请台湾教师，泰北一些其他人士对"一个中国"的理解出现偏颇，不能跟随中泰交往主流。要改变这种情况，唯有加大对泰北地区华文教育的关注与支持，积极宣传"一带一路"成果。

二是泰南地区。中国与中南半岛联系日益紧密，各项交通设施陆续建成。这里与华文教育开展得比较好的马来西亚邻近，华文教育有着其他地区不可比拟的优势。

三是大曼谷地区。曼谷是中南半岛最大的城市，海陆空交通便利，其对中国的进出口有着重要意义。泰国华文教育的中枢机构主要设址于此，在这里深耕华文教育，涵养侨力资源，有助于延续和深化中泰传统友好关系，并以此来带动东盟与中国发展友好关系。

第三，善用华文媒体，从华文教育角度彰显"一带一路"建设中的中国软实力。

泰国的华文媒体有平面媒体和新媒体近二十家，以及东南亚唯一的双语电视台——泰国中文电视台（TCTV），但对华文教育的宣传目前主要集中在《世界日报》《亚洲日报》《星暹日报》等传统媒体。随着当今资讯传播的日益快捷，泰国华文教育应该主动积极地寻求与华文媒体的接触，创设有利于华文教育的舆论环境，培养华文教育的潜在对象和华文媒体的作者与读者，借助他们宣传中泰两国对华文教育的政策和产生的良好效果，塑造中国国家形象，传承中华文化，在泰国构建中国形象的认同。

第四，紧跟时代步伐，以"一带一路"为契机来促进华文教育的转型升级。

作为世界第二大经济体，中国始终处于经济发展的快车道，泰国各界都想搭乘中国经济发展的快车。从 2005 年至今，华侨大学每年都为泰国政府官员开办为期一年的中文培训班。随着"一带一路"的推进，越来越多的泰国青年人希望通过掌握汉语而得到一张快车票，这就为泰国华文教育的转型升级带来了机遇。①

中泰铁路修建，以阿里巴巴为代表的大量中资企业进驻泰国，中泰经贸和旅游往来日益密切，泰国需要大量各种类型的汉语人才，这必将促使泰国华文教育由过去单一的汉语教学、中文补习向专业培训、人才培养转变，也必定催生出新的华文教育模式。在这种新的形势下，为了改变华文教育过去各方力量各自为政的松散局面，国务院侨办组织专家研制了《周末制华校办学参照性标准》《全日制华校教育教学大纲》等，推出了《〈华文教师证书〉实施方案》和《华裔青少年华文水平测试标准》。② 随着这些标准的出台，泰国华文教育需要探索新路子、新机制来促进华文教育的转型

---

① 贾益民：《"一带一路"建设与华文教育新发展》，第一届国际华文教学研讨会（厦门），2015 年 11 月 21 日。
② 第四届世界华文教育大会资料。

升级。

华文教育是中华文化在海外的"希望工程"，是中华民族在海外的"留根工程"，是华侨华人社会最重要的"民生工程"。如今，泰国有两千多名华文教师、十几万名在校生的三百多所华校，建构起了从幼儿园到大学的华文教育体系。新时代的泰国华文教育，应当有新气象、展现新作为，要进一步坚定文化自信，在祖籍国的大力支持下，借"一带一路"的东风，不断夯实民心相通，发挥自身的独特优势，树立好中国形象、讲述好中国故事、传播好中国声音、阐释好中国道路，为打造好周边命运共同体做出积极贡献。

第四节　蒙古国华文教育的发展现状及问题
——以旅蒙华侨蒙中友谊学校为例[*]

一　发展现状

旅蒙华侨蒙中友谊学校是蒙古国华文教育目前仅存的一所学校。作为蒙古国华校的唯一代表，该校的发展简史、汉语教师和学生的构成、学校取得的成绩、教学设施、师资培训及教材使用等，代表着蒙古国华文教育的发展现状，其所面临的问题也正是蒙古国华文教育所面临的问题。

1. 学校的发展简史

旅蒙华侨蒙中友谊学校是一所创办多年、汉语教学一流、知

---

[*] 白白格勒玛，北京华文学院助教。

名度极高的华文学校。该校创办于 1964 年，创办初期，一直处于非常艰难的境地。90 年代后，随着中蒙两国关系的日益友好，学校的办学环境和办学条件也逐步得到改善。在中国国务院侨务办公室及中国驻蒙古国大使馆等单位的大力支持下，该校的办学规模日益壮大。1999 年 9 月 29 日，学校由"华侨子弟学校"更名为"旅蒙华侨蒙中友谊学校"，标志着学校的华文教育开始向第二语言教学过渡。2001 年，该校在蒙古国教育部门登记备案。2004 年，学校被蒙古国教育当局正式纳入国民教育体系，这标志着该校的发展进入了一个崭新的阶段。2009 年 8 月 4 日，国侨办公布了第一批海外"华文教育示范学校"名单，旅蒙华侨蒙中友谊学校入选。从此，该校作为华文教育示范学校，在促进蒙古国华文教育发展，增进中蒙文化教育交流等方面起到了举足轻重的作用。

2. 学校的办学特色

学校在多年的办学积累中，形成了独具特色的办学模式。在校学生可以获得蒙古国承认的蒙古国毕业证和中国承认的中国毕业证。学校教学实行上午和下午两部制，一年级至十二年级都以汉蒙双语授课，五年级加开英语课，六年级开设电脑课，并有中国文化、书法、口语、HSK、写作等汉语特色课程。蒙语教学完全按照蒙古国规定开设课程，教材及教学进度、内容都符合国家标准。

3. 汉语教师现状

旅蒙华侨蒙中友谊学校是蒙古国唯一一所华侨学校和华文教育示范学校。现有汉语教师 15 人，其中 10 人为当地华侨，拥有 10 年以上教学经验，4 名从国内聘请的志愿者教师，1 名国侨办公派教师。学校教师全部拥有本科以上学历，其中硕士5人。教师们为了能够更好地传播中华文化，牺牲自己的休息时间为周末补习汉语的学生讲解汉语知识。该校采用全日制双语教学，教学制度严格，重视教学质量和评优工作。

（1）汉语教师历史资料和数据分析

从表4-6可以看出，华侨教师是教学的主力，该校从2010年9月至今长期聘请汉语志愿者教师，志愿者教师的人数也呈上升的趋势。另外，该校为了扩大汉语教师队伍，于2017年开始聘请公派教师，这对本土华侨教师更新教学理念和教学方法、提高教学质量起到了推动作用。

表4-6　2011～2018年旅蒙华侨蒙中友谊学校汉语教师构成情况

单位：人

年份	华侨教师	志愿者教师	国侨办公派教师	汉语教师总数
2011	10	2		12
2012	10	2		12
2013	10	2		12
2014	10	2		12
2015	10	2		12
2016	10	3		13
2017	10	4	1	15
2018	10	4	1	15

资料来源：笔者统计整理。

（2）现状

截止到2018年，旅蒙华侨蒙中友谊学校的全体教职工总人数为44人，其中包括15名汉语教师，18名蒙古国教师，3名校领导和8名职工（见表4-7）。汉语教师主要有三个来源：一是定居蒙古国的本地华侨（10 名），二是来自中国的志愿者（4 名），三是国侨办公派教师（1 名）。

表 4 - 7 2018 年旅蒙华侨蒙中友谊学校全体教职工总人数

单位：人

汉语教师	华侨教师	10	15
	志愿者教师	4	
	国侨办公派教师	1	
蒙古国教师		18	
校领导		3	
职工		8	
合计		44	

资料来源：笔者统计整理。

4. 学生状况

现有学生主要由蒙古国学生和华侨学生组成，共 660 名，其中周一至周五全日制班学生有 530 人，周末汉语补习班学生有 130 人，蒙古国学生占学生总数的 94.3%。

（1）学生基本情况

从表 4 - 8 可以看出，小学至高中人数有整体下滑的趋势，原因有以下几点。第一，课程难度增加。随着高年级汉语课程难度的加大，学生因为学习吃力而放弃继续学习汉语。第二，学生家庭条件困难。虽然该所华校目前是蒙古国所有语言学校中收费最低的一所，但由于蒙古国整体工资收入较低，因此许多学生因家庭承担不了学费而选择退学。第三，学生选择转学。学生为了今后升学，报读各个大学的附属学校，提前进修专业课程，但这部分学生人数极少。

表 4 - 8　2018 年旅蒙华侨蒙中友谊学校学生人数统计

单位：人

序号	班级表	人数
1	一年级	68
2	二年级	57
3	三年级	63
4	四年级	48
5	五年级	40
6	六年级	43
7	七年级	42
8	八年级	45
9	九年级	50
10	十年级	25
11	十一年级	16
12	十二年级	33
合计		530

注：此学生人数统计表不包括周末补习班的人数，周末补习班人数为 130 人。
资料来源：笔者统计整理。

（2）学生构成（全日制班）

从表 4 - 9 可以看出，2011 年以来，该校学生人数一直比较稳定。这一方面反映了该校稳定的生源和教学质量；另一方面，由于学校教学条件的限制，学生数量已经趋于饱和，制约了学校的进一步发展。

表 4 - 9　2011～2018 年旅蒙华侨蒙中友谊学校不同国家学生数

单位：人

年度	蒙古国学生	华侨学生	其他国家学生	学生总数
2011	418	25	5	448
2012	493	26	4	523
2013	531	29	1	561

年度	蒙古国学生	华侨学生	其他国家学生	学生总数
2014	475	25	2	502
2015	506	24	1	531
2016	495	28	6	529
2017	438	25	2	465
2018	500	27	3	530

注：不含周末补习班学生人数。

资料来源：笔者统计整理。

建校初期，旅蒙华侨蒙中友谊学校是一所华侨子弟学校，只招收当地华侨子女。随着"汉语热"的升温，该校顺应当地蒙古国家长的要求，自 1993 年起开始面向蒙古国全国招生，目前该校主要的教学对象是华侨子女和当地的中小学生。

大部分华侨子女主要就读学校周六、周日开设的汉语补习班，另外还有极少部分华侨子女在学校的全日制班级就读。这主要是由于学校的教学对象和教学性质发生了变化。学校的生源由以前的华侨子女占主体到现在的蒙古国学生占主体，教学性质也相应地由针对华侨子女的华文教育转变为对外汉语教学。但是学校在教学性质改变后，没有针对华侨学生的需求，开设针对华侨学生的课程，导致学校的教学现状已经不能够满足华侨子女的需求，很多学生选择就读学校的周末补习班。

另外，随着华侨群体经济条件和社会地位的提高，他们有了更多的选择机会，很多华侨选择让自己的孩子来中国读书，或者去其他语言学校读书，多学一门外语，对孩子将来的发展也有很大的帮助。

从性别上看，该校的男女生基本上各占一半，94.3% 的学生为地地道道的蒙古国人，90% 的学生到过中国北方城市，也有部分学生曾在中国学习过汉语。由此可见，该校对蒙古国学生有很大的吸引力，很多对中国有了解的蒙古国学生家长都选择把孩子送到该学校学习汉语。

5. 学校取得的成绩

旅蒙华侨蒙中友谊学校的办学成绩得到了当地教育界的一致认可，学校获得了很多成就和荣誉。校长每年都获得教育界各种奖项，尤其难能可贵的是现任校长江仙梅女士获得了蒙古国总统颁发的教育界最高奖项——"北极星功勋奖"，这是带有蒙古国国徽的个人荣誉勋章。江仙梅女士还获得国务院侨办颁发的用以鼓励长期致力于海外华文教育事业并取得卓著成绩的"热心海外华文教育杰出人士奖""海外华文教育杰出贡献奖"等奖项，成为海外优秀华人的代表，是在蒙华侨的骄傲。

教师方面，2012 年 2 月 28 日，旅蒙华侨蒙中友谊学校江仙梅校长代表蒙古国教育部，向达震鑫、王明蒙两位汉语教师志愿者，颁发了蒙古国杰出青年教师奖，以表彰他们在旅蒙华侨蒙中友谊学校任教期间，在汉语教学、中华文化传播、汉语课程建设、教学制度建设、汉语教师培训、组织课外汉语活动等方面做出的突出成绩。2014 年，该校数名教师获得当地教育界颁发的先进教师奖及模范教师奖。2016 年，有两名教师获得模范教师奖。2017 年，有一名教师获得先进教师奖。

学生方面，在蒙古国每年举办的汉语奥林匹克竞赛中，该校都取得了优异的成绩。在首届世界中学生汉语桥比赛中，荣获团体三等奖；在 2009 年第二届比赛中荣获团体二等奖。2013 年，在由蒙古国国立大学孔子学院和蒙古国汉语教师协会共同承办的第六届"汉语桥"世界中学生中文比赛蒙古国赛区决赛中，旅蒙侨校 2011 级学生恩赫珠乐取得第三名，获得了前往中国观摩决赛的资格。

2014 年，毕业生格·阿努达日荣获第七届"汉语桥"世界中学生中文比赛总决赛个人综合二等奖，团队赛荣获总决赛冠军；同年，该校学生代表蒙古国到厦门参加"第三届海外华裔青少年中华文化大赛"，荣获总决赛冠军。2015 年，该校荣获蒙古国第八届中学生"汉语桥"优秀组织奖。2016 年，毕业生斯·艾尔登奥其尔荣获第九届"汉语桥"世界中学生中文比赛总决赛个人综合二等奖，团队赛荣获亚洲冠军；同年，该校学生代表蒙古国到厦门参加"第五届海外华裔青少年中华文化大赛"，荣获总决赛冠军。2017 年，荣获蒙古国第十届中学生"汉语桥"最佳组织奖。2018 年，荣获蒙古国第十一届中学生"汉语桥"最佳组织奖。

2000 年，旅蒙华侨蒙中友谊学校在中国政府和社会各界，特别是香港浸信会联会的帮助下，建筑面积为 1440 平方米的二层教学楼开始建设，该教学楼共设 12 间教室和 6 间教师办公室。因经济因素，学校依然延续着传统的教学模式，黑板、粉笔、教科书就是该校的基本教学用具，唯一的现代化教学设施是一个仅有不足十台电脑的简易电脑室。此外，还有一批比较简单的体育器材。2001 年 9 月，教学楼落成，实现了侨校办学条件的历史性大跨越。

新教学楼可容纳 700 余人（分上午、下午两部制），基本满足了教学需求。2002 年，学校接受中国驻蒙古国大使馆捐赠的 11 台旧电脑和香港浸信会联会捐赠的 10 台新电脑，开始步入电化教学时代。

2012 年 9 月 1 日，旅蒙华侨蒙中友谊学校文体中心竣工仪式在学校院内举行，文体中心的落成得到国务院侨办、热心教育事业的各界人士的大力支持。

6. 师资培训

为使教师能够达到对外汉语教学的专业教育水平，校方领导积极组织教师参加各种教师培训活动。同时，为适应蒙古国汉语教学，该校教师还到蒙古国教育学院参加培训，进修蒙古国教育学，并获得学士学位。教师培训体系逐步健全，教师素质和教学水平进一步提高。为了适应新形势、新机遇下的汉语教学发展，学校积极探索建立长效的教师培训机制，为提高教师素质和教学水平提供保障。在中国国务院侨办和内蒙古侨办协助下，该校教师到呼和浩特进行了系统的电脑培训，为教师适应在新的条件下利用多媒体进行教学，探索丰富多彩、富有成效的教学方法创造了条件。

中国汉办委托山东大学对海外汉语教师进行培训，该校校长和两名教师赴山东大学进行了为期四周的教师培训。通过接受对外汉语教学理论、教学法、语言学理论等方面的培训，教师们对自己的教学性质有了更为深刻的认识，把学到的知识和教学方法应用于自己的教学中，提高了该校汉语教学水平。

2001年7月，中国政府安排全体华侨教师共15人，利用暑假到北京语言学院（今北京语言大学）进行为期一个月的业务培训。2004年，香港浸信会联会资助13位华侨教师进入当地教育学和心理学专修学校——恩赫奥其隆大学攻读教育心理学专业本科。此外，学校还组织全体汉语教师到广州、珠海、深圳、香港、北京的一些学校进行考察和学习。2013年，旅蒙侨校校长江仙梅女士率领学校十几位华侨教师参加了由中国华文教育基金会主办、北京市人民政府侨务办公室承办、首都体育学院协办、金辉集团赞助的华文教师教学技能"金辉"北京培训班。2015年1月，金辉集团赞助该校全体汉语教师参加了在海南师范大学的培训。

7. 办学经费的来源及分配情况

（1）办学经费来源

旅蒙华侨蒙中友谊学校办学经费的主要来源是学生的学费。2018 年 9 月，全日制学生学费从 180 万蒙图①涨到 280 万蒙图（7735 元），周末汉语补习班学费 80 万蒙图（2210 元），2017 年共收学费 954000000 蒙图（2510526 元）。蒙古国当地政府根据每个学校的人数，每年拨给学校教学基金用来帮助办学，小学阶段每人为 117600 蒙图（325 元），一年共拨付 32457600 蒙图（89662元）；初中阶段每人为 169700 蒙图（469 元），一年共拨付 30546000 蒙图（84381 元）；高中阶段每人为 178600 蒙图（493元），一年共拨付 13216400 蒙图（36509 元）。除此之外，对于一年级至五年级（小学）的学生，当地政府拨付给每位小学生午餐费 600 蒙图（1.66 元），一天共拨付 165600 蒙图（457 元）。

（2）经费分配情况

教职工工资一年为 314023788 蒙图（867469 元），加上其他开支，一年共 869638733 蒙图（2402317 元），其中包括社会保险、个人所得税、电费、供暖费、水费等学校的各项开销，另外学费的 20% 要上交给旅蒙华侨协会，这些开销都来源于学生的学费和当地政府的补贴。

2009 年学校被评为"华文教育示范学校"，因此中国国务院侨办教学基金会向其提供 14587 美元（10 万元人民币）的资助款，主要用于奖励优秀师生（737 美元）、对教师进行培训（4500 美

---

① 人民币与蒙图的汇率为：2018 年 9 月 1 元人民币兑换 362 蒙图；2017 年 9 月 1 元人民币兑换 380 蒙图。

元）、购买教材（3400美元）、增添办公用品（3950美元）、成立校图书室（2000美元）。2009～2010学年，中国驻蒙古国大使馆向旅蒙华侨蒙中友谊学校提供大使基金，主要用来安装教室的多媒体设施。[①]

8. 教材使用情况

旅蒙华侨蒙中友谊学校拥有一套系统完善、适合对外汉语教学的教材。由于该校母语非汉语的蒙古国学生占学生总数的94.3%，该校全日制班使用的汉语教材分别为《博雅》、《标准中文》、《中文》和《说话》，周末补习班使用的汉语教材为《语文》和《中文》。

为了更好地促进汉语教学的发展，学校向中国国务院侨办申请新编对外汉语初中配套教材，以便于更好地服务于汉语教学，使学生通过学习适合于自己的教材更进一步提高汉语水平。

中国广东省人民政府侨务办公室也曾捐赠HSK教材，从实际上给予该校师生莫大的帮助，不仅丰富了该校汉语教学内容，而且填补了学校缺乏HSK教材的空白。更重要的是，祖国人民的一片心意，给予了这些海外游子莫大的精神动力。

综观旅蒙华校90年代之后的发展，该校所代表的蒙古国华文教育和华文教学在此阶段确实呈现出了欣欣向荣、蓬勃发展的态势。旅蒙华侨蒙中友谊学校即使在最困难的历史年代也没有停办过，反观侨校不同时期的校名，我们可以清晰地看出时代历史的巨大变迁。可以说，侨校的发展史也是蒙古国华文教育发展的一个缩影。

---

① 选自白白格勒玛《蒙古国旅蒙华侨蒙中友谊学校汉语教学调查及研究》，硕士学位论文，暨南大学，2011。

二　存在的问题与对策

1. 华侨学生与蒙古国学生一起培养

在蒙古国，大部分学习者都是从学前班就开始学习汉语，汉语的学习和蒙语的学习同时进行。从学习效果上看，也比较令人满意。有很多班级把已经初步掌握母语的华侨学生和完全没有接触过汉语的蒙古国学生进行一起培养。从 1 年级到 12 年级毕业，这些学生都在同一个班级，接受同样的汉语教育。两种学习者的汉语水平最初可能无明显差异，但是随着年龄和认知能力的增长，到了高年级，华侨学生的汉语水平要明显高于蒙古国学生。虽然这是一种不合理的安排，但是从另一方面也说明了全日制中小学蒙古国学生习得汉语的独特特点和能力。因为如果两种学习者的水平过于悬殊的话，这种现象是不可能存在的。

当然，需要指出的是，这种教学上的安排，没有考虑华文教育和对外汉语教学各自的培养目标、特点和规律，必然在教学上存在缺陷，会遇到问题。最突出的是，到了高年级阶段，普遍存在华侨学生"吃不饱"、蒙古国学生"吃不了"的现象，作为老师很难平衡这种需求。

2. 缺乏汉语学习环境

对于蒙古国学生而言，汉语是作为第二语言学习的，缺乏适当的使用语言的学习环境。所谓第二语言教学，其根本目的就是能够让学生运用汉语进行交谈。问题是，虽然课堂教学注意对学生进行听、说、读、写等能力的训练，可是学校的校园教学毕竟也会有很大的局限性。对第二语言学习者而言，只有在学校的汉语课堂中才会有机会运用汉语进行交谈，除学校外，几乎没有机会使用汉语，而且所使用的语言与所在场合的谈话对象、交际目的等语境的实际使用情况必须相互适应。这在一定程度上制约了汉语教学成绩的提高，因此需要在学校的汉语教学中增加课时。当然，这与学校的教学计划会有一些冲突，但使学生能够流利地使用汉语进行交谈才是汉语教学的主要目的。

近几年随着"汉语热"在蒙古国的掀起，蒙古国各类中小学不仅在汉语教学上表现出较高的热情，同时也开始积极地举办各类有关学习中国文化的活动和比赛。如由中国驻蒙古国大使馆、中蒙友协和蒙古国电台联合举办的"谁了解中国"知识竞赛；由乌兰巴托市教育局、中蒙友好协会、蒙古国《今日报》、中国驻蒙古国大使馆等举办的"蒙古国中小学生汉语奥林匹克竞赛"；由中国驻蒙古国大使馆与蒙古国汉语教师协会举办的"蒙古国汉语征文比赛"；由中国驻蒙古国大使馆与蒙古国留华学生联谊会举办的"东方旋律"中文歌曲演唱大赛；等等，这些都给蒙古国的汉语学习者营造了可以在课后使用汉语的良好环境。

3. 蒙古国华侨学校的教材使用

1957～1990年，由于两国不能通邮，学校只好通过中国驻蒙古国大使馆邮寄20～30本教材，所以这些教材特别珍贵。但学校有学生数千人，这些完全不能满足需求。为了解决教材问题，蒙古国华侨学校的师生们只能自编教材，然后自己刻蜡版，数学、几何、语文、自然等各年级教材都是用刻蜡版的方式印出来的，然后装订成册，发给学生。

90年代以后，旅蒙华侨蒙中友谊学校所用的教材为《语文》和一本口语书（《说话》或《中文》），教学时以《语文》为主，占总课时量的70%～80%。一直以来，该校选用的是人教版的

《语文》教材和中国国务院侨办捐赠的对外汉语《中文》和《说话》。人教版语文教材面向中国学生，或者不存在语言障碍的学习者，而学校的教学对象94.3%为当地学生，5.7%为华侨子弟。选用这套教材时，如何使用和驾驭教材是学校教师面临的一大难题。

为了更好地、有针对性地进行汉语教学，汉语教师通过多年的教学实践经验，将汉语教材《博雅》《标准中文》《中文》和《说话》作为全日制班的教材，由于周末补习班学生多为当地华侨，因此将原全日制班使用的《语文》和《中文》作为补习班的教材。

4. 华侨学生的高等教育和就业出路

2003年，蒙古国政府承认了旅蒙华侨蒙中友谊学校学生的初中学历；2006年，承认了学校学生的高中学历。从此华侨学生终于可以继续到蒙古国大学读书，或者考入中国的高校继续深造获得学士或硕士学位。此前，华侨学生的高等教育出路十分狭窄，由于以前的华校只提供小学至初中的课程，大部分的华侨学生在初中毕业之后，就开始在蒙古国找工作了，根本没有资格和能力考蒙古国或中国的大学。因此，2006年前上大学的华侨数量极少，华侨子弟的教育水平普遍偏低。

2006年之后，虽然华侨学生在华校毕业后获得高中毕业证，但是与蒙古国学生相比，华侨学生因华校课程设置的缘故，考入蒙古国大学的实属罕见。同时，华侨学生在中国国内接受高等教育的出路也仍然比较狭窄。原因之一是中国政府并没有实施相关的奖学金政策，为希望在中国国内上大学和考研究生的蒙古国华侨提供奖学金，而蒙古国学生在中国上大学的优惠政策和奖学金制度却相对完善得多，这就造成了华侨学生非常尴尬的高等教育问题，以致蒙古国华侨子弟回国无门。

令人振奋的是，2003 年，现任旅蒙华校校长江仙梅女士赴广州同暨南大学探讨录取华侨学生相关事宜，通过磋商，暨南大学认可了旅蒙华校的高中学历，这比蒙古国政府承认该校高中学历提前了 3 年。江仙梅女士成为暨南大学的蒙古国招生总代理，每年都按照暨南大学的华侨入学规定，为其输送几名优秀的华侨毕业生，这极大地解决了蒙古国华侨学生难以继续接受高等教育的问题。

目前，蒙古国华侨人数相对固定，在 2000 人左右，其中在蒙古国土生土长的华侨人数为 1600 人左右，其余约 400 人为新华侨。大部分华侨在蒙古国从事经商和建筑行业，而华侨子弟大部分希望能够到中国大学接受高等教育，毕业后在中国就业，从而留在中国生活。蒙古国华侨的"回归"中国梦能否实现，需要中国政府、教育部门和各大高校制定一系列相关宜侨政策。其中，奖学金政策则是重中之重。

三　结语

与人数众多、经济实力雄厚的东南亚华人或者人才优势明显的北美华人相比，蒙古国华侨华人不仅人少，而且相对来说势单力薄。随着中蒙关系的发展及双方经济合作的进一步开展，蒙古国的华侨华人人数还会进一步增长。

与世界各国特别是东南亚及北美地区的华文教育明显不同的是，在 2004 年旅蒙华侨蒙中友谊学校被纳入蒙古国国民教育体系之前，侨校尚保留着较为完整的华侨教育模式，类似于第二次世界大战爆发之前东南亚的华侨教育，民族教育与文化传承的色彩特别浓厚。目前，由于蒙古国"汉语热"的兴起，越来越多的蒙古国当地人融入华校华文教育中来，为华侨华文教育注入了新的活力，华侨教育模式也随之瓦解，华文教育与汉语作为第二语言教学相融合的模式应运而生。

历史证明，华侨子弟要融入当地社会中，要在当地谋生、在当地发展，首先就必须学习并掌握当地语言。只有实现华侨教育的彻底转型，把华语从第一语言教学改为第二语言教学，对所有想学习华语的学生，无论是华裔还是非华裔，一律表示欢迎，同时制定科学严谨而又符合当地实际的教学大纲，把培养学生的华语交际能力放在首位，突出语言教育的实用性，这样对于想学习华语的华裔学生来说才会更有吸引力。除此之外，中国政府若能针对蒙古国华侨高等教育现状实行相关的奖学金制度，蒙古国的华文教育将会焕发出真正的青春活力。

第五节　菲律宾华文教育概况[*]

一　语言和文化是共存的，学习华语的同时也学习、了解了中华文化

通过华语教学，学生逐步学会了华语，而且也渐渐熟悉了中华文化。实际上，一种语言的教授和学习就是对该种文化的直接宣扬和传播。

除了华校所开展的华文教育之外，菲律宾华人社会还存在传播中华文化的多种途径，如家庭教育、社团活动、报纸杂志、广

---

[*] 黄端铭，菲律宾华教中心主席。

告宣传、旅游观光等。但是，这些途径与华校所开展的华文教育相比，只是零星的、分散的、局部的、细微的。对处在幼儿至中学这个基础教育年龄段的新生代来说，家庭教育中的中华文化不成系统，参与华人社团活动的机会极少，华文报纸杂志还看不太懂，华文广告宣传见到的不多，旅游观光也只有到中国才能接触到中华文化。这样，华校的华文教育自然成了向他们传播中华文化的主要途径。如果这一途径被阻塞，华裔新生代就会被封闭在菲律宾文化圈中。

可见，华校是传播中华文化的主要场所，华校华文教育是传承中华文化的关键。办好华校，做好华校华文教育工作是菲律宾华社保留民族语言、传承民族文化的留根工程。

二　虽然菲律宾华人华侨深受当地文化大环境影响，但当地华校历史深厚，学生从幼儿园到中学阶段掌握了不少中华文化知识

近30年来，华校每年暑假都组织学生参加汉语和中华文化夏令营，到中国各地学习、参观、旅游，少则几十人，多则上千人，一般都在中国停留一两个月。自2006年起，菲律宾华教中心与中国华侨大学合作，把夏令营办到菲律宾全国各地区，被称为"中华文化大乐园"，由华侨大学派出老师，时间为五周。

同时，一批又一批华校管理人员和中小学、幼儿园华语教师参加培训团，到中国各地学习、参观、访问；中国政府也不断派出专家到菲律宾全国各地讲学，加强华校华语师资队伍的建设。

可见，华校是维系华社与祖籍国沟通的重要桥梁，华校华文教育架起了通往祖籍国的桥梁。建设好华校，做大做强华校华文教育工作是促进中华文化传播的重要工作。

三　1973年，菲律宾当局全面"菲化"侨校，全国华侨学校成为菲律宾的私立学校，全面归菲律宾教育部管辖

但是，除了必须按规定开设全部主流课程之外，菲律宾教育部允许华校每天保留最多两个小时（三节课）的华语课。华校作为传播中华文化的主要场所和维系华社与祖籍国沟通的重要桥梁的功能因而得以延续。

时至今日，随着菲律宾、中国乃至世界形势的转变，菲律宾华校的社会地位已经发生了巨大变化。菲律宾华校具有不可替代的三重身份。

1. 华校是国民型学校

华校就是菲律宾的国民型学校。它承担着菲律宾国民教育的义务。

"菲化"之后，由于菲律宾华侨身份的集体转变，办学者的身份由中国公民转变为菲律宾公民，华校教育对象的主体也由中国公民变成了具有菲律宾公民身份的华人。华校在菲律宾只要向政府登记注册，就是合法的私立学校，有着当然的办学权利——这种权利有法律的保障。政府再也无权命令华校停办甚至取消华校了。

由此看来，虽然1973年的176号总统令对华校开设华语课程进行了严格的限制，但是这条法令毕竟从立法的意义上确认了华校开设华语课程的权利，确认了华人子弟学习本民族语言、文化的权利。而且，该法令把华语限定为选修课程，把英文设定为主导课程，把华校课程纳入菲律宾国民教育课程体系之中。至此，华校就成为菲律宾的国民型学校。

2. 华校是民族学校

华校就是华人的民族学校。它承担着维系菲律宾华人文化的延

续，以及维系华人民族身份的特殊使命。

菲律宾华侨集体转籍之后，华人族群就成了菲律宾社会里的一个少数民族。华校主办者是华人；其办学的基本目的是教育华人子弟——其校园文化具有中华文化特色，体现了华人传统；其教育有自身完备的体系——包括从幼儿园到中学甚至大学。因此，华校作为民族学校的要素是非常完备的。

3. 华校是中华文化学校

"菲化"之前，菲律宾华校基本上是关门办学——只招收华侨、华人子弟。"菲化"之后，华校顺应时代潮流，开门办学：不但接收华人子弟入学就读，也敞开大门欢迎友族子弟入学就读。根据不完全统计，菲律宾各地华校在校生中，菲华混血的华裔子弟和友族子弟人数已经超过纯粹的华人子弟。从菲律宾友族的角度出发，华校就是他们家门口的中华文化学校。

菲律宾华校从侨民学校的单一身份转变为国民型学校、民族学校和中华文化学校的三重身份，使华校在当今菲律宾总统杜特尔特推出"大建特建"国家建设计划，中国国家主席习近平提出"一带一路"倡议，中菲两国与世界各国携手共创美好未来的形势下，独具优势，大有可为。

四　华校在新的形势下，应加强自身建设，为创建新时代人类命运共同体做出自己的贡献

1. 摆正国民型学校、民族学校、中华文化学校这三者的位置

华校必须把国民教育摆在最重要地位，把国民教育作为自己的第一要务，夯实国民教育基础，提升国民教育的水平，扮演好国民型学校这个角色。

华校要壮大发展，就必须坚持自己的民族教育——这是华校区别于其他学校的特色，也是菲律宾华校的发展之本。华校要凸显民族学校的特色，体现出与其他学校的差别，首先要搞好华文教育。要发展好华文教育，华校必须认清菲律宾华文教育的本质：既要认清它与中国语文教育的差别，也要认清它与汉语教学的差别——华校要走与其他汉语教学机构差异化发展的道路。华校要立足本土，以华语课程为主导，以文化知识课程为辅助，以文化活动课程为补充；在课程设置中凸显"本土"特色的课程体系，努力实现教材本土化、师资本土化、教学考核标准本土化，才能彰显其民族学校的特色。

华校必须走出特色之路，与国民学校相比，与其他汉语办学机构相比，有着独特的核心竞争力，打造"中华文化学校"这个品牌。

2. 唱响华教精神，坚守华文教育

华教精神是在菲律宾华文教育一百多年的历史发展过程中逐步形成的。华教精神在菲律宾华人维护华族意识和团结的历史进程中一直起着重要的作用。

那么，华教精神是什么？它就是"忠菲爱华，兴学传薪，崇文尚德，笃志奉公"。

先贤们在创业初期，生活、事业都极端艰难的情况下，仍秉持华教精神，倾囊尽智，大力发展华文教育，为菲律宾的人才培养，为华人社会的繁荣做出了不可磨灭的历史贡献。当今，我们的生活、事业都比过去要好很多，所以更要秉承华教精神，把办好华校作为华人的共同社会责任。

3. 借势新学制改革，做大华校

菲律宾实施 K－12 新学制，对于华校来说，这是一次新的挑战、一次新的机遇。我们要化挑战为机遇，让我们的华校再一次驶入发展的快车道。

对华校来说，十年学制改成十二年学制，不仅增加了生源，而且进一步提升了华校作为国民型学校的地位。

4. 借力中国国侨办海外华校"三化"建设，做强华校

华校"三化"建设构想的提出，对菲律宾华校、华文教育的发展无疑是一个大大的利好。我们应该抓住这个时机，积极引进外来资金与办学资源，助推菲律宾华校软硬件建设的升级，进一步改善华校的办学条件，借力把华校做强——力争把华校办成菲律宾软硬件一流的国民型学校、功能完备的民族学校、特色鲜明的中华文化学校。

五　新时代为菲律宾华文教育的发展带来极其利好的大环境

菲律宾华文教育只要把准时代的脉搏，跟随时代的步伐，准确认识自己的社会定位，充分发挥自身的优势，则前景光明，天地广阔。

在菲律宾华文教育的领航者——菲律宾华教中心将近 30 年的不懈努力下，菲律宾华文教育确确实实解决了一些问题，取得了可喜的成绩。但同时，我们也要清醒地看到，长期困扰菲律宾华校华文教育发展的资金短缺、华语教师短缺、非专业化等老问题仍然比较严重，只有菲律宾华教工作者结合新形势，以新视角、新思维去探索解决的途径，才能使菲律宾的华文教育乘着新时代的东风，做出自己的贡献。

参考文献

寸晓红：《缅甸华文教育发展的趋势与策略》，《德宏师范高等专科

学校学报》2014 年第 2 期。

范宏伟：《缅甸华文教育的现状与前景》，《东南亚研究》2006 年第 6 期。

郭熙：《海外华语教学研究的现状与展望》，《世界汉语教学》2006 年第 1 期。

郭熙主编《华文教学概论》，商务印书馆，2007。

郭熙：《对海外华文教学的多样性及其对策的新思考》，《语言教学与研究》2013 年第 3 期。

郭熙：《关于新形势下华侨母语教育问题的一些思考》，《语言文字应用》2015 年第 2 期。

黄桂林：《缅甸伊洛瓦底三角洲地区华文教育的调查与思考》，硕士学位论文，广西民族大学，2011。

李晨阳：《对昂山素季访华解读的解读》，《世界知识》2015 年第 13 期。

李嘉郁：《海外华文教师培训问题研究》，《世界汉语教学》2008 年第 2 期。

李宇明：《海外华语教学漫议》，《华文教学与研究》（暨南大学华文学院学报）2009 年第 4 期。

李宇明：《"一带一路"，语言"铺路"》，《人民日报》2015 年 9 月 22 日，第 7 版。

林锡星：《缅甸华文教育产生的背景与发展态势》，《东南亚研究》2003 年第 3 期。

娄开阳、赵温瑞：《缅甸华文师资培训现状与对策》，《世界华文教育》2016 年第 2 期。

孙宜学主编《中华文化国际传播丛书》，同济大学出版社，2016。

童盛强：《浅谈华文师资的培训》，《中国成人教育》2006 年第 9 期。

吴应辉、杨叶华：《缅甸汉语教学调查报告》，《民族教育研究》2008 年第 3 期。

第五章　对海外华文教育的思考与研究[*]

　　尽管海外华文教育历史悠久，但客观而言，其社会知名度还不高，是一项典型的"圈内热，圈外冷"的事业。因此，无论是工作实践还是学术研究，都有必要跳出"圈子"，讲清楚什么是华文教育、说明白华文教育干什么等一系列基本问题。本章首先从华文教育的基本定义入手，比较关于华文教育的几种定义方式及其区别，结合实践特点，提出笔者的基本主张。其次，从学科建设着眼，提出华文教育学具有"民族性""交叉性""新兴性""国际性"四个基本特征。在此基础上，对华文教育的研究现状进行简要的梳理，指出其存在的不足及今后的研究建议。最后，对华文教育与孔子学院、华文教育与两岸关系、华文教育与国际关系进行分析，探讨其中的异同与关系。

第一节　海外华文教育的基本定义

　　什么是海外华文教育？对于这个问题，不管是海外侨胞，还是国内的华文教育工作者，大家都能说出个一二三来。乍一听，貌似

　　＊　陈水胜，法学博士，中央统战部侨务事务局副调研员。

意思都差不多。不过，如果细细品味的话，我们会发现个中差异还是比较大的。这是因为，关于海外华文教育的基本定义，目前业界还没有一个约定俗成或者比较一致的权威说法。以学术研究为例，许多研究者根据自己的理解和感受，结合研究工作的需要提出了各自的见解。

一是侧重于从施教地域进行界定。有的表示，华文教育是指对海外华侨、华人子女在居住地实施的中华民族通用的现代汉语语言文化教育；① 有的提出，海外华文教育首先指海外华侨在侨居国创办的民族语言文化教育；② 有的认为，华文教育，既涵盖华人社会兴办的各种形式和名称的族裔语言文化教育，也包括中国国内（两岸三地）为华侨华人学习民族语言文化兴办的各级教育。③

二是重点从施教对象加以阐释。有的认为，华文教育是以海外华人、华侨学生为主要教学对象的汉语言文化教育；④ 有的提出，海外华文教育是以母语或第一语言非汉语的海外华人、华侨学生为主要对象而开展的中国语言文化教育；⑤ 有的表示，华文教育是以母语或第一语言非华语的海外华人、华侨为主要教学对象（也包括少数非华裔学生）开展的中华语言文化教育；⑥ 有的则将施教对象进一步区分为华侨教育和华文教育，认为华侨教育是指华侨及其子女为学习中国语文和文化科学知识在侨居地所办的教育，而华文教育是指华人在入籍国对华人、华侨子女施以中华民族语言文化的

① 李方：《海外华文教育管见》，《语言文字应用》1998 年第 3 期。
② 耿红卫：《海外华文教育发展研究》，《海峡教育研究》2013 年第 1 期。
③ 彭俊：《华文教育研究》，博士学位论文，上海师范大学，2004。
④ 李铁范：《华文教育学科建设及高级人才培养刍议》，《中国高等教育》2005 年第 10 期。
⑤ 唐燕儿：《海外华文教育：趋势、问题与策略》，《清华大学教育研究》1999 年第 4 期。
⑥ 丘进主编《华侨华人研究报告（2013）》，社会科学文献出版社，2014，第 309 页。

教育；① 更有甚者认为，华文教育是对华侨华人及其子女的教育，从广义上讲，又包括向外国人传授汉语、中国文化知识的教育。②

三是侧重于从施教内容进行论述。有人提出，海外华文教育是中国语言文化教育在国外的一种延伸，是一种国际性的中国语言文化教育。③ 有学者一言以蔽之，认为华文教育是指对汉语言文字的教育。④

四是强调要区分不同情况，不能一概而论。他们认为华文教育地域分布广、涵盖范围宽、差异较大，需要分清层次或区分类别，很难"一言以蔽之"。因此，有的提出，华文教育可分为狭义和广义两个层次。从狭义的定义来说，华文教育是指对华侨华人进行中华语言及中华传统优秀文化的教育；广义的华文教育是指对中国人与外国人进行中华语言、文化、宗教、民俗、经济、政治、社会、科技等直接或潜移默化的教育。⑤ 有的认为，从广义上讲，华文教育是指华侨、华人在居住国对华侨、华人和其他要求学习华语的人员施以中国语言文字和文化的教育，包括华文媒体的宣传活动、华社团体所组织的社会文化活动、华文作家的创作活动乃至华侨、华人家族所举行的各类宗亲联谊活动等；从狭义上讲，华文教育是指华校主要对华裔青少年儿童实施的、以传授中国的语言文字和文化为基本内容的民族教育。⑥ 有的表示，以汉语、汉字和汉文化为主要内容的华

---

① 马兴中：《华侨华文教育的回顾与前瞻》，《暨南学报》（哲社版）1999 年第 2 期。
② 转引自张向前等《从华文教育看中华文化源远流长》，《哈尔滨学院学报》2005 年第 12 期。
③ 耿红卫：《海外华文教育的历史沿革及其启示》，《贵州文史丛刊》2007 年第 1 期。
④ 梅显仁：《海外华文教育的振兴》，《八桂侨史》1998 年第 3 期。
⑤ 张向前、朱琦环、吕少蓬：《世界华文教育发展趋势及影响研究》，《云南师范大学学报》（对外汉语教学与研究版）2005 年第 4 期。
⑥ 丘进主编《华侨华人研究报告（2013）》，社会科学文献出版社，2014，第 223 页。

文教育实际上包括了两种类型：一种是以汉语共同语为目的语的汉语普通话、规范汉字为核心的中华优秀文化教育；另一种是以汉语方言为教学媒介语或目的语的汉语和中华优秀文化教育。[①] 有的强调，华文教育有三种，即国内华文教育是为海外华侨华人子女到国内升学而办；国外华文教育是由海外华侨华人在当地举办的；还有国内对外华文教育，像不少高校海外教育学院推行的华文远程教学、对外汉语教育等。[②]

笔者以为，要正确理解和准确定位海外华文教育，有必要进一步厘清以下几个概念及关系。

第一，华侨教育与华人教育。华侨教育与华人教育的主要区别在于施教对象的不同。[③] 顾名思义，前者的施教对象是华侨，即未加入驻在国国籍的中国公民；而后者泛指华人，即已加入驻在国国籍的华裔及其后代。二战结束后，随着东南亚各民族国家的独立，它们相继推行"入籍归化"政策。新中国政府出于侨胞长期生存发展的实际需要和改善中外国家关系的迫切需要考虑，宣布实行"单一国籍"，不承认"双重国籍"。侨胞们据此做出了选择，有的继续保留中国国籍，有的则加入了所在国国籍。这种变化导致了华侨教育、华人教育等概念的产生。

华侨教育与华人教育在内容上虽各有所指，但实质上同属民族教育性质，并无本质区别。这种概念上的区分的真正价值"只是

---

① 孙汝建：《华文教育的现象与本质》，《华侨大学学报》（哲社版）2011 年第 1 期。
② 丘进：《认清特点 把握机遇》，《海外华文教育》2000 年第 1 期。
③ 关于华侨教育与华人教育的区别，林蒲田在其著作《华侨教育与华文教育的史与论》中进行了比较详细的梳理。具体可参见林蒲田《华侨教育与华文教育的史与论》，泉州新春印刷有限公司，2008，第 12～13 页。

在于论证了华文教育一脉相承的文化传统和一以贯之的传承意义"①。

第二，华文教育与海外华文教育。关于这两个概念的提法，一些人认为二者一致，可以混用；另有一些人认为，海外华文教育主要指海外华社所开展的华文教育工作，而华文教育既包括了海外华文教育，又包括了国内（含港澳台地区）为支持华社所开展的各类华文教育工作。相比之下，华文教育涵盖范围更广。这种区分，在学术研究上或许有一定的价值，但在实践中，华文教育和海外华文教育从对象、内容到目标均高度一致，所以笔者倾向于第一种看法，即二者并无本质区别，可以混用。因此，在本书中，就是如此操作的。

第三，华文教育与中文教育。在东南亚地区，大多称之为"华文教育"；而欧洲、美洲、澳新等地区，"华文教育"与"中文教育"二者皆用，但后者使用频率更高些。这两个提法体现的是地域习惯的不同，本质上并无差别。有学者就研究指出："华文教育，根据不同国家，主办者的身份不同，或者所在国国情的不同，也称华侨教育、中文教育。三种叫法，各有界定，其社会形态和法律概念上的区别可能较大，但在教育规律、教学方法、教育心理、教学管理，以及教师、教材等方面，在很大程度上又确有共同性。"②

综合上述情况，我们对华文教育的理解是：华文教育是华侨华人在海外开展民族语言学习和中华文化传承活动的统称或总称。华文教育的主体是生活在海外的数千万华侨华人；广义上的受众对象

---

① 彭俊：《华文教育研究》，博士学位论文，上海师范大学，2004。
② 丘进：《海外华文教育四议》，《汉字文化》1998 年第 2 期。

也是华侨华人本身，狭义的受众对象则专指广大华裔青少年；施教地域在海外（或指华侨华人居住国）；施教内容是民族语言和中华文化。而国内（含港澳台地区）为帮助华侨华人开展华文教育而提供的各种形式的支持，则可称之为华文教育工作或海外华文教育工作。

第二节　海外华文教育的学科定位

（一）华文教育是不是一门独立的学科

《辞海》中关于学科的解释有两种，一是学术的分类，指一定科学领域或一门科学的分支。二是"教学科目"的简称，也称"科目"，是教学中按逻辑程序组织的一定知识和技能范围的单位。[1] 根据学科分类的理论，确定学科成熟性的标准，亦即一门学科设立与否或被承认的标准，主要看其成熟程度。[2] 学科成熟性的标准可以从以下几个方面来综合考察：一是具有确定的研究对象，二是具有特色的研究方法和学术规范，三是具有较完整的理论体系，四是拥有学科带头人、一定数量的科学家队伍及相应的教育机构、学术机构和出版物，五是有社会实际的需要。[3]

一般认为，关于华文教育应该作为一门独立学科的呼声出现在20世纪80年代。[4] 从20世纪90年代中期到2005年教育部批准开设华文教育本科专业，这段时期华文教育学科逐渐成熟。2005年

---

① 《辞海》（缩印本），上海辞书出版社，1979，第1126页。

② 梁志明：《试论华侨华人学科的形成与定位》，载李安山主编《中国华侨华人学——学科定位与研究展望》，北京大学出版社，2006，第16页。

③ 金吾伦主编《跨学科研究引论》，中央编译出版社，1997，第69页。

④ 李贤军：《关于华文教育特殊性的若干问题》，《毕节学院学报》2011年第7期。

以后，则是华文教育学科繁荣发展的时期。

从设立华文教育学科的重要性看，6000多万华侨华人分布在世界上约200个国家和地区，这是中国发展的独特机遇。1993年1月22日，邓小平同志在同上海各界人士共迎新春佳节时就郑重指出：“希望你们不要丧失机遇。对中国来说，发展的机遇并不多。中国与世界各国不同，有自己的独特机遇。比如，我们有几千万爱国同胞在海外，他们对祖国做出了很多贡献。”[①] 华侨华人之所以被称为“独特机遇”，关键在于他们对祖（籍）国怀有深厚感情，愿意为祖（籍）国发展建设贡献力量。而他们之所以愿意这么做，又主要得益于中华文化在广大海外侨胞中世代相传。所以说，华文教育是保持华侨华人民族特性的根本保证，是维系他们与祖（籍）国特殊情感的精神纽带。2004年，胡锦涛同志在参加全国政协联组会议时明确指出：“无论是从我们民族优秀文化传承的角度考虑，还是从对我们骨肉同胞的亲情考虑，支持海外华人社会开展华文教育都是我们义不容辞的责任。”

从设立华文教育学科的必要性看，受不同国家和地区国情、侨情、教情不同的影响，华文教育发展模式不一、各具特色，其发展过程中面临的问题与困难也不尽相同，所需要的支持也差别较大。因此，将华文教育作为独立的学科加以研究，提供科学的理论指导，是推动华文教育又好又快发展和做好华文教育工作的必然要求。

从华文教育学科的理论建构上看，经过专家学者和华文教育工作

[①] 国务院侨务办公室、中共中央文献研究室编《邓小平论侨务》，中央文献出版社，2001，第12页。

者的多年努力，形成了一批具有较强针对性和较高理论深度的研究成果，华文教育学科的理论建构已初具模型。比如：贾益民的《华文教育学是一门学科》《华文教育学学科建设刍议——再论华文教育学是一门科学》，华侨大学华文教育研究所的《试论华文教育的学科定位、特征及其他》，李嘉郁的《关于加强华文教育学科建设的构想》，范开泰的《关于华文教学学科建设的若干理论思考》，唐微文的《关于建立华文教育理论体系的思考》，李铁范的《华文教育学科建设及高级人才培养刍议》，彭俊的《华文教育研究》，沈玲的《论海外华文教育学科的实践教学》，罗华荣的《也谈华文教育的学科定位》，张胜林的《华文教学的学科性质、定位与学科特性初探》，郭熙主编的《华文教学概论》，等等。[①] 这些研究对为什么要构建华文教育学科、怎样构建、华文教育学的内涵是什么等核心问题进行了深入探讨，打下了华文教育学这座理论大厦的重要基石。

从华文教育学科的研究队伍上看，原先国内开展华文教育的院校主要是国务院侨办所属的暨南大学、华侨大学和北京华文学院。截至 2016 年，国务院侨办陆续在全国各地的大中小学遴选设立了49 家华文教育基地。此举不但增强了华文教育的学术研究力量，

---

① 贾益民：《华文教育学是一门学科》，世界汉语教学研讨会宣读论文，1996；贾益民：《华文教育学学科建设刍议——再论华文教育学是一门科学》，《暨南学报》（哲社版）1998 年第 4 期；华侨大学华文教育研究所：《试论华文教育的学科定位、特征及其他》，《华侨大学学报》（哲社版）1997 年第 3 期；张胜林：《华文教学的学科性质、定位与学科特性初探》，《华侨大学学报》（哲社版）2001 年第 3 期；李嘉郁：《关于加强华文教育学科建设的构想》，《侨务工作研究》2001 年第 3 期；李铁范：《华文教育学科建设及高级人才培养刍议》，《中国高教研究》2005 年第 10 期；罗华荣：《也谈华文教育的学科定位》，《东南亚纵横》2006 年第 12 期；范开泰：《关于华文教学学科建设的若干理论思考》，《暨南大学华文学院学报》2008 年第 3 期；沈玲：《论海外华文教育学科的实践教学》，《宁波大学学报》（教育科学版）2012 年第 3 期；郭熙主编《华文教学概论》，商务印书馆，2007；等等。

扩大了华文教育的参与面，而且提高了华文教育的社会化程度。华文教育基地的设立一定程度上加速了华文教育学科的发展。目前，关注华文教育，从事华文教育研究的人越来越多，研究领域也越来越广，这对华文教育学科建设和华文教育事业发展来说是一大利好消息。

（二）如何定位"华文教育学"

既然认同华文教育是一门独立的学科，那么，我们应该如何定位"华文教育学"呢？

对这一问题，可谓仁者见仁、智者见智，大家的观点和看法不尽相同。贾益民认为，华文教育既隶属于语言学范畴，又隶属于文化学和教育学范畴，它是一种跨学科的新兴学科。[①] 范开泰表示，华文教学既是本族语教学，又是外国语教学，既有第一语言教学的因素，又有第二语言教学的因素。[②] 罗华荣在《也谈华文教育的学科定位》中指出，华文教育就是面向海外华人的本族语教育。本族语教育可以是第一语言教学，也可以是第二语言教学，这顾及到了海外华人复杂的语言背景；本族语教育是基于学习者的族群特征和民族认同感提出的，这切合海外华人学习者与目的语——汉语的独特关系，充分考虑了华裔学习者与非华裔学习者的不同特点；本族语的定位还可以明确华文教育独具的语言和文化并重的教育任务。[③] 张胜林提出，华文教学是脱胎于传统的华文教育而形成的一门新兴学科，华文教学的性质属于特殊的（汉语）第二语言教学，

---

① 贾益民：《华文教育学学科建设刍议——再论华文教育学是一门科学》，《暨南学报》（哲社版）1998 年第 4 期。

② 范开泰：《关于华文教学学科建设的若干理论思考》，《暨南大学华文学院学报》2008 年第 3 期。

③ 罗华荣：《也谈华文教育的学科定位》，《东南亚纵横》2006 年第 12 期。

在学科定位上，它应该归属于对外汉语教学，又因为它的学科性质具有某些自身的特点，所以华文教学实际上应该是对外汉语教学学科体系中的一个相对独立的学科分支。[①]

笔者认为，华文教育学或华文教育学科至少具有"民族性"、"交叉性"、"新兴性"和"国际性"四个基本特征。

首先，华文教育学是一门带有浓厚民族性的社会学科。华文教育学主要是研究华文教育现象，对其做出全面、系统、科学的考察和分析，探讨其发展规律的一门学科。开展华文教育的主要目的是保持华侨华人的民族特性，这就决定了华文教育学带有浓厚的民族性。这门学科就是要围绕如何更为有效地实现这一目标展开探索。

其次，华文教育学是一门综合性、多学科交叉的"边缘学科"。关于华文教育这一特殊现象的研究，既是历史的，又是现实的；既是政治、经济、民族问题，又是语言、文化、教育问题；既有个案研究，又有理论、政策研究等。这些问题不是社会科学中某一学科能够分析解释清楚的，也不可能是采用某一学科的特定研究方法可以解决的。因此，华文教育学注定是一门综合性、多学科交叉的"边缘学科"。

再次，华文教育学是一门因应国际国内形势发展变化而产生的新兴学科。改革开放以后，随着中国综合国力的增强和国际地位的不断提升，随着中外国家关系的快速发展，伴随着中外交往的日益频繁而深入，"中国热""汉语热"持续升温，海内外有关方面较以往任何时候更加关注华文教育问题。华文教育学便是在这种大背

---

① 张胜林：《华文教学的学科性质、定位与学科特性初探》，《华侨大学学报》（哲社版）2001 年第 3 期。

景下因应而生的，是一个年轻的新兴学科。

最后，华文教育学是一门国际性很强的社会科学学科。华文教育学的研究对象在海外，因此从空间范畴看，该学科是国际问题研究领域的一门学科，在研究方法、手段和效应上，与国内问题有所不同。华文教育现象错综复杂，问题各异，因此在实际研究过程中需要特别强调国内外同行的共同努力，这样才能使研究工作事半功倍，才能加快从研究到实践的转化过程，才能使研究成果真正符合实际需要。

第三节　海外华文教育的研究现状

（一）国内研究情况概览

20 世纪 90 年代以前，国内少有专门从事海外华文教育研究的机构或学者，相关成果自然也是寥寥无几。20 世纪 90 年代中后期开始，特别是进入 21 世纪以来，随着中国的快速发展和综合国力的显著增强，海外华侨华人学习汉语和中华文化的热情空前高涨，对华文教育的需求愈加迫切，华侨华人社会中掀起了一股"华文教育热"。同时，文化在综合国力竞争中的作用日益凸显，加快汉语和中华文化走向世界，提升中华文化在文化多样性世界中的竞争力，增强中国文化软实力，成为中华民族实现伟大复兴的重要因素之一。于是，国内的专家学者纷纷对此展开研究探讨，海外华文教育也由此引起了更多人的关注。

内、外形势的变化，有力地推动了海外华文教育研究的发展。以中国知网检索的情况来看，1984～2014 年，篇名中包含"华文教育"这一关键词的文献共 898 篇，其中，期刊论文、报纸文章及报道等 833 篇，硕博论文 65 篇。其中，1984～1989 年仅 7 篇①，2000～2009 年发表量攀升至 425 篇，2010～2014 年发表 330 篇（参见图 5－1）。各个时期的文献数量很好地反映了华文教育从低谷走向繁荣的基本历程。纵向比较的话，海外华文教育研究有了长足进展。

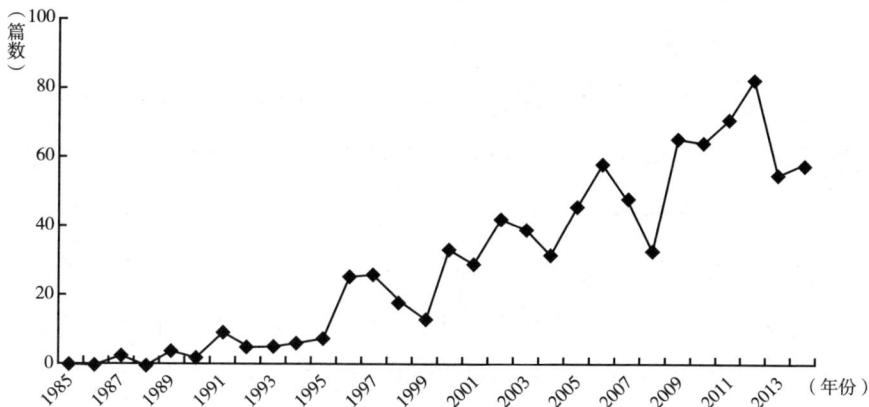

图 5－1　华文教育文献发表情况

资料来源：笔者根据中国知网检索整理。

横向来看，海外华文教育的研究仍比较滞后。从 2004 年创办第一所孔子学院到 2014 年底，篇名中包括"孔子学院"这个关键词的文献高达 1504 篇，且每年增长幅度很大。2004 年仅 1 篇（属于新闻报道类）；② 到 2009 年已猛增至 134 篇；2014 年又攀升到

---

① 这七篇分别是：郑焕宇：《马来西亚华文教育问题》，《东南亚研究资料》1984 年第 2 期；蔡仁龙：《马来西亚著名华文教育工作者林连玉》，《南洋问题》1987 年第 3 期；《南美洲的华文教育》（作者不详），《地质职工教育》1987 年第 2 期；潘一宁：《战后马来西亚华文教育的发展（1946～1980）》，《东南亚研究》1989 年第 1 期；周南京：《战后华文教育的兴衰》，《华侨华人历史研究》1989 年第 1 期；梁英明：《马来西亚华文教育与华人经济的发展》，《华侨华人历史研究》1989 年第 1 期；李君哲：《战后马来西亚华文教育的回顾与前瞻》，《华侨华人历史研究》1989 年第 3 期。

② 《世界第一所"孔子学院"在汉城成立》，《当代韩国》2004 年第 4 期。

了 305 篇。仅 2014 年，关于孔子学院的文献数量就接近于海外华文教育 2010～2014 年的文献总和。相比之下，孔子学院在学术界和新闻界的关注度显然高于海外华文教育。

（二）国内研究成果综述

综合梳理分析国内现有的主要研究成果，笔者认为可以用以下几条"线索"将它们大致串联起来。[①]

1. "历史线索"

目前，关于各个国家或地区的华文教育发展史研究比较丰富，范围也较广，从传统的东南亚、欧美地区到新兴的大洋洲、非洲地区均有人关注和研究。这些成果大多能对相关国家或地区的华文教育历史演进过程进行简要的梳理，概括其发展脉络或演变特征；同时聚焦发展现状，广泛介绍各个国家和地区华文教育的基本状况，既重点总结 20 世纪 90 年代以来取得的成绩，又客观提出各自存在的主要问题等。此外，还有不少成果着眼未来，基于对国际、国内形势的分析，对海外华文教育的发展前景进行研判，提出了自己的见解和建议。总之，无论是国别史研究、地区性研究还是总体性研究，都对我们深入了解海外华文教育的过去、现在和未来具有重要的参考价值。

以东盟十国为例，通过对中国知网的检索，截至 2014 年，各类文献总数约为 392 篇。[②] 其中，关于东南亚地区华文教育史总体

---

① 关于国内文献综述部分需要特别补充说明两点：一是除了本书用这四条线索串联起来的这些研究成果之外，大陆方面还有很多很好的文献资料，这里未能详列并逐一介绍，敬请谅解；二是台湾方面也有很多从事华文教育研究的专家学者，他们也发表了许多高水平的研究成果，但是，囿于客观条件，这里未将其纳入概述范围，甚为遗憾。

② 篇名的关键词有两种，一种是"国名＋华文教育"，另一种是"东南亚＋华文教育"。在统计时，尽管已减去了部分非历史性研究的成果，但因未能逐篇阅读，故统计结果肯定还有所出入。

研究的有 66 篇，约占 17%。其余 326 篇则都是针对东盟十国华文教育发展史的研究（具体情况参见图 5 - 2）。

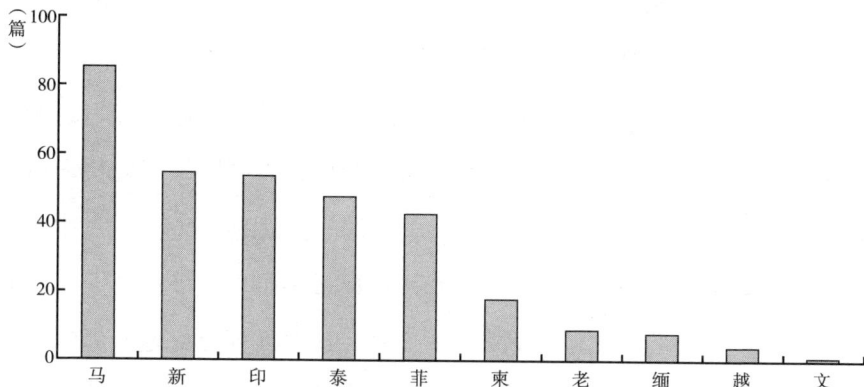

图 5 - 2　东盟十国华文教育发展史研究成果统计

资料来源：笔者根据相关资料统计。

除了论文之外，近年来也有一些具有较高学术水准和参考价值的专著相继问世。比如，黄昆章先生的《印度尼西亚华文教育发展史》，以丰富的史料和翔实的数据系统地论述了 1690～2006 年印尼华文教育的发展变化历程，对我们准确把握印尼华文教育的发展脉络帮助甚大。① 再比如，蔡昌卓先生主编的《东盟华文教育》，则结合中国同东盟国家的交往历史、华侨华人社会概况等相关情况，系统地论述了东盟十国华文教育的历史概况、基本现状和发展前景，是一部关于东盟华文教育发展史的力作。②

2. "问题线索"

20 世纪 90 年代以来，海外华文教育从复苏走向复兴，面临着

---

① 黄昆章：《印度尼西亚华文教育发展史》，外语教学与研究出版社，2007。
② 蔡昌卓：《东盟华文教育》，广西师范大学出版社，2010。

诸多"老问题"与"新烦恼"。其中，有不少是带有普遍性的困难或问题，也有许多是不同国家和地区各自需要面对的"个性化"挑战。学术研究历来主张"问题意识"。于是，聚焦海外华文教育发展中遇到的困难和问题，自然也是海外华文教育研究工作的一个重点。

在这方面，关于教材、教师、教法所谓"三教"问题的探讨是大家比较关注的。以海外华文教师问题的研究为例，以中国知网的检索情况来看，篇名中包含"华文教师"这一关键词的文献约为50篇。其中，有的关注华文教师队伍的总体状况，或针对数量不足、水平不高等共性问题，提出了"扩充、稳定、提高"的方针，或对如何更好地开展华文教师培训建言献策，或就华文教师应该具备的思想素质和业务素质进行总结。[①] 有的则通过问卷调查、实地调研等方式对不同国家和地区华文教师队伍的状况进行细化研究，并提出了相应的对策建议。[②] 还有的关注华文教师培训方式方法的改进或提高，建议更多地利用现代

---

① 陈荣岚、唐微文：《扩充·稳定·提高——谈华文教师队伍的建设》，《海外华文教育》2000年第2期。华霄颖：《海外华文教师培训的有效性探讨》，载《第十一届国际汉语教学研讨会论文集》，2012。李嘉郁：《海外华文教师培训问题研究》，《世界汉语教学》2008年第2期。金宁、顾圣皓：《论海外华文教师的基本素质》，《华侨大学学报》2000年第3期。

② 郭保林、严晓鹏：《欧美华文教育师资、教学现状及发展对策——基于对华文教师的实证研究》，《八桂侨刊》2011年第4期。林奕高：《印尼华文教师现状调查研究》，《华文教学与研究》2011年第2期。郭建：《印尼华校师资发展概况、问题及对策》，《赤峰学院学报》（汉文哲社版）2011年第2期。宗世海、王妍丹：《当前印尼华文师资瓶颈问题解决对策》，《暨南大学华文学院学报》2006年第2期。蔡贤榜：《印尼华文教师队伍现状及培养对策》，《海外华文教育》2005年第4期。马跃、温北炎：《印尼华文教师队伍的现状：问题与对策》，《东南亚纵横》2003年第9期。徐茗：《菲律宾华文教师对华文教育态度的调查研究》，《世界汉语教学》2005年第4期。王炯、洪明：《菲律宾华文师资队伍现状与建设思考》，《海外华文教育》2011年第4期。徐子亮：《略议菲律宾华教的师资培训——兼谈华文教材的编写》，《海外华文教育》2002年第4期。张杰：《新加坡华文教师培养理念的反思》，《海外华文教育》2008年第3期。周健：《浅议东南亚华文教师的培训》，《暨南学报》（哲社版）1998年第4期。

信息技术开展远程培训，或强化学历教育、培养骨干教师，等等。①

3. "关系线索"

海外华文教育的特殊性决定了它必然会牵扯到方方面面的关系，由此也产生了一些与"关系"相关的研究成果。例如：有的关注政治环境变化对海外华文教育的影响，研究二者之间的内在关系。这方面的成果有周聿峨的《国际关系变化中的海外华文教育》《全球化对海外华文教育的影响》《战后国际局势对新加坡华文教育演变的影响》；陈真的《国际化对世界华文教育和教学的影响及发展策略研究》《国际化背景下华文教育发展趋势及影响研究》；等等。② 也有人探讨华侨华人社会与华文教育之间的内在联系，认为华侨华人社会是华文教育发展的重要支撑，而华文教育则是彰显华侨华人社会特性的重要体现。③ 还有的关注海外华文教育与统战

---

① 唐满燕：《影响远程华文教师培养质量的诸因素及分析》，《中国市场》2011 年第 6 期。芦洁、康晓娟：《远程教育在海外华文教师培训中的作用》，《大家》2010 年第 12 期。陈水胜：《浅析现代网络技术在海外华文教师培训中的运用——以中国华文教育网为例》，《海外华文教育》2008 年第 4 期。贾益民、熊玉珍：《现代教育技术应用与华文教育变革》，《中国电教化教育》2008 第 1 期。李嘉郁：《关于美国华文教师培训的几个问题》，《八桂侨刊》2007 年第 4 期。

② 周聿峨：《国际关系变化中的海外华文教育》，《比较教育研究》2001 年第 12 期。周聿峨：《全球化对海外华文教育的影响》，《暨南学报》（哲社版）2001 年第 3 期。周聿峨、曾品元：《战后国际局势对新加坡华文教育演变的影响》，《暨南学报》（哲社版）2002 年第 1 期。陈真：《国际化背景下华文教育发展趋势及影响研究》，《云南师范大学学报》（对外汉语教学与研究版）2007 年第 3 期。陈真：《国际化对世界华文教育和教学的影响及发展策略研究》，《佳木斯大学社会科学学报》2007 年第 3 期。

③ 陈艳艺：《从华人认同看泰国华文教育的复苏与发展（1993～2012）》，《东南亚纵横》2013 年第 3 期。赖林冬：《试论菲律宾华人宗亲会发展华文教育的功能及影响——以菲律宾济阳柯蔡宗亲会总会为例》，《海外华文教育》2012 年第 1 期。宋兴川、陈欣：《从东南亚华人族群的变迁看华文教育的发展》，《八桂侨刊》2011 年第 3 期。杨文安：《泰北云南华人社会及华文教育探析》，《思想战线》2011 年第 2 期。石沧金：《试析二战后马来西亚华人社团与华文教育发展的关系》，《南洋问题研究》2005 年第 4 期。王殿卿：《菲律宾华人社会与华文教育》，《思想理论教育》2003 年第 9 期。王日根：《菲律宾华人社会对民间教育的投入》，《教育评论》2000 年第 1 期。

工作的关系，比如张颖、卓高鸿等人通过分析海外华文教育的独特作用之后，提出应进一步重视海外华文教育这一重要的统战手段，来增强广大侨胞的民族凝聚力和向心力。①

当然，作为以传承优秀中华文化为核心的海外华文教育，其与文化传播关系最为密切。于是，就有学者积极探讨在海外华文教育中应该重点传播哪些核心文化以及如何更好地传播核心文化等议题。比如，早在20世纪90年代初，东南亚华文教育刚刚复苏之时，针对有的华文教育工作者提出华文教育只需进行语言文字教学，不宜弘扬中华民族文化的观点，潘懋元等人就明确指出，华文教育应该弘扬中华民族优秀传统文化。他们认为，中华文化是华人的文化之根，在华文教育中弘扬中华文化是对人类文明的贡献，但可以区别不同情况，解决具体操作问题。② 这方面的研究成果有《中华文化与华文教育的未来》《论中华文化在华文教育中的地位和作用》《中国诚信思想在华文教育中的价值与作用》《东南亚华文教育与中华文化传承》等。③

① 张颖：《华文教育与海外统战工作》，《湖南社会主义学院学报》2012年第4期。卓高鸿：《海外华文教育：海外统战工作的一项重大任务和一个新的增长点》，《福建省社会主义学院学报》2008年第1期。

② 潘懋元、张应强：《海外华文教育与弘扬中华优秀文化传统》，《教育研究》1996年第6期。潘懋元、张应强：《华文教育与中华优秀传统文化现代价值的彰显》，《高等教育研究》1998年第3期。

③ 耿虎：《试论华文教育的多样化构成与中华文化的多层次传播》，《世界民族》2007年第1期。洪跃雄：《中国诚信思想在华文教育中的价值与作用》，《重庆工学院学报》2006年第6期。薛秀军、何青霞：《华文教育：提升中华文化竞争力的现实路径》，《绍兴文理学院学报》2006年第11期。杜珠成：《新加坡华文教育与中华文化传承的关系》，《海外华文教育》2006年第2期。薛纪达：《中华文化与华文教育的未来》，《福建社会主义学院学报》2005年第2期。苏泽青：《论中华文化在华文教育中的地位和作用》，《华侨大学学报》（哲社版）2004年第2期。孙占群：《中华文化知识在华文教育中的作用》，《八桂侨刊》2003年第2期。吴端阳、吴绮云：《东南亚华文教育与中华文化传承》，《国家高级教育行政学院学报》2002年第6期。

4. "比较线索"

海外华文教育有其特殊性，比如，大陆与台湾方面都设有主管海外华文教育事务的职能部门，且都积极支持海外华侨华人开展华文教育工作。再比如，近年来，孔子学院异军突起，迅速成为汉语国际推广的另一面旗帜。尽管其与海外华文教育在服务对象上有比较清晰的界定，但实际工作中两者往往相互交叉，是很难划清"楚河汉界"的。所以，这两者之间在协调配合的同时，也有比较、竞争的意味。

对此，学术研究也会从比较的视角来审视现实工作中的这些竞争态势。例如，丘进在《大陆与台湾的海外华文教育比较》一文中，追溯了大陆与台湾华文教育的历史与沿革，比较分析了两岸各自的优势与劣势，在此基础上提出了推动两岸华文教育交流与合作的对策和建议。① 严晓鹏通过组织发展视角，运用自生能力理论、资源依赖理论和新公共服务理论等，梳理了孔子学院与华文学校的发展现状与特征，比较了两者在外部环境和内部治理上的异同，分析了影响两者发展的关键因素与发展逻辑，并提出了相应的对策和

---

① 丘进：《大陆与台湾的海外华文教育比较》，《新视野》2010 年第 6 期。
　　关于台湾地区海外华文教育工作的研究成果可以参见：董鹏程、方丽娜：《台湾地区涉外华文教育的历史与现状》，载丘进主编《华侨华人研究报告（2013）》，社会科学文献出版社，2014，第 309～343 页；姜兴山：《台湾当局对菲律宾华文教育的影响（1949～1975）》，《台湾研究集刊》2011 年第 1 期；骆峤嵘、张向前：《台湾华文教育发展研究》，《哈尔滨学院学报》2010 年第 7 期；边晓丽：《台湾海外华文教育政策的发展》，《内蒙古师范大学学报》（教育科学版）2010 年第 6 期；唐燕儿：《台湾的远距离华文教育》，《比较教育研究》2001 年第 12 期；连志丹：《台湾现阶段大力扶持海外侨教的措施与借鉴》，《华侨华人历史研究》2001 年第 3 期；袁慧芳、彭虹斌：《台湾华文教育初探》，《高等函授学报》（哲社版）2001 年第 2 期；陈颖：《台湾开展华文教育的措施与特点》，《八桂侨刊》2000 年第 3 期；王燕燕：《台湾在菲律宾发展华文教育述论》，《台湾研究集刊》1998 年第 3 期。

建议。① 丘进在比较了海外华文教育与对外汉语教学二者之间的异同之后，认为对华文教育而言，要把政策性、国际性和社会功能放在首位，而不必过于强调其学科性、学术性和理论性。②

（三）国外研究成果概述

如果说近年来国内的华文教育研究进展还差强人意的话，那么国外的华文教育研究则起色不大。目前少量的研究成果多以介绍相关国家、地区华文教育情况为主，具有较高学术价值或应用价值者不多。

在现有的研究成果中，比较有代表性的专著有：马来西亚郑良树的《马来西亚华文教育发展史》。该套丛书全面回顾和总结了马来西亚的华文教育发展历程，对马来西亚华文教育发展模式进行了系统的分析、归纳和总结，是我们全面了解马来西亚华文教育发展史的重要文献。③ 澳大利亚孙浩良的《海外华文教育》则结合作者自身从事华文教育工作的经历，总结提出了关于如何在提倡多元文化的国家和地区开展华文教育工作的一些思考与建议，可谓华文教育工作者的经验之谈。④

学术论文方面，比如：颜长城、黄端铭二人对菲律宾华文教育的历史沿革、发展现状等进行过深入探讨，让读者能够比较清晰、全面地了解菲律宾华文教育的过去与现状。⑤ 野泽知弘、洪

---

① 严晓鹏：《孔子学院与华文学校发展比较研究》，浙江大学出版社，2014。
② 丘进：《对外汉语教学与海外华文教育之异同》，《教育研究》2010 年第 6 期。
③ 〔马来西亚〕郑良树：《马来西亚华文教育发展史》，马来西亚华文教师会总会，2003。
④ 孙浩良：《海外华文教育》，上海人民出版社，2007。
⑤ 〔菲律宾〕黄端铭：《菲律宾华侨华人的留根工程——菲律宾华文教育》，载丘进主编《华侨华人研究报告（2013）》，社会科学文献出版社，2014，第 222 ~ 270 页；颜长城：《发展中的菲律宾华文教育》，《教育文化论坛》2012 年第 6 期；颜长城：《菲律宾华文教育的过去和现状》，《华侨华人历史研究》1996 年第 2 期。

群两位则关注柬埔寨华文教育的发展情况。其中，前者关注柬华社会与华文教育复兴的内在关联，而后者探讨华校融入国家教育体系的必要性与可能性。[①] 美国的杨立通过回顾华文教育在美国的曲折经历，折射出华侨华人在美国的艰辛历程。梁培炽也通过回顾曲折经历，得出华文教育唯有争取认可、融入主流，才会有更大发展的结论。[②] 特别值得一提的是，东南亚国家的华文教育机构自 1995 年开始，每两年组织举办一次"东南亚华文教学研讨会"，交流研讨各国华文教育情况。每届会议都会发表一系列学术论文，有的还结集出版，成为了解东南亚华文教育动态的重要参考。

（四）存在的若干问题

尽管近年来华文教育研究日益成为学界关注的热点，研究成果也在逐年增多。但是，作为新兴学科，还是存在一些有待加强或改进的地方。

一是研究成果以经验型、描述型居多，理论高度不够，科研手段简单，缺乏深层次的研究和有力的数据支持。[③] 华文教育情况错综复杂，国内研究者受客观条件限制，较难开展全方位的田野调查，以获取第一手资料，即使个别进行了抽样调查，其范围也比较有限，无法全面反映出真实情况。

二是研究的针对性和实用性亟待提高，尤其是关于当前困扰华

---

① 〔日本〕野泽知弘：《柬埔寨的华人社会——华文教育的复兴与发展》，乔云译，《南洋资料译丛》2012 年第 3 期。〔柬埔寨〕洪群：《柬埔寨华文教育的发展趋势——华校融入国家教育体系》，《暨南大学华文学院学报》2003 年第 4 期。

② 杨立：《美国侨社华文教育的曲折历程》，《文史天地》2012 年第 9 期。梁培炽：《美国华文教育发展新理念》，《暨南学报》（哲社版）1998 年第 4 期。

③ 李嘉郁：《华文教育研究现状简析》，《侨务工作研究》2007 年第 6 期，转引自侨务工作研究网站，http://qwgzyj.gqb.gov.cn/hwjy/139/1024.shtml。

文教育发展的难点问题研究成果偏少。此外，有些研究没有充分考虑到不同国家和地区的不同特点、需求与政策，也未能充分考察现有的人力、物力、财力，导致其结论或建议在理论上"高大上"，在实践中却很难实施，造成理论与实践"两张皮"。

三是关注重点集中在东南亚地区，对欧美地区和华文教育的新兴地区（如拉美、非洲等）则关注比较少，相关成果不多。

四是缺乏具有较高层次和较强影响力的专业性学术成果发布平台。尽管目前有不少期刊、杂志都为华文教育研究成果提供了发表的平台，但真正意义上的华文教育专业学术期刊少之又少。大陆地区仅3份，即厦门大学海外教育学院创办的《海外华文教育》、暨南大学华文学院创办的《华文教学与研究》和北京华文学院主办的《世界华文教育》；台湾地区有1份，即台湾世界华语文教育学会创办的《华文世界》。

总之，与蓬勃发展的华文教育形势相比，当前有关华文教育的研究相对滞后，无法有效地满足华文教育发展的需要。因此，今后应有重点地加大对华文教育研究的引导和支持力度，鼓励海内外学术界和华文教育工作者加强协作，共同开展专项学术研究。

（五）研究的几点建议

作为一门新兴学科，经过国内外华文教育界的多年努力，华文教育研究有了一定的进展，"已经进入了一个新的发展阶段"[1]。今后一个时期，在开展华文教育研究时，建议注意以下几点。

一是在研究立场上，要以科学的理论为指导，坚持立足于海外华文教育实际，结合中国发展的需要和侨务工作的基本要求，面向

---

[1] 贾益民：《华文教育研究的重点与方向》，《华文教学与研究》2013年第2期。

世界，面向未来。

二是在研究目的上，要从有利于海外华文教育大发展、大繁荣和有利于华侨华人长期生存发展的战略高度出发，准确把握海外华文教育形成和发展的客观规律，为其更好地发展提供科学的理论指导。

三是在研究内容上，既要系统总结华文教育的发展历史，又要充分研究不同国家、不同地区间不同类型的特点、规律和问题；既要深刻揭示华文教育与国际政治、中国发展、全球化等各方面的关系，又要全面研究华文教育中课堂教学、华文教材、师资力量、华裔青少年学习特点等多方面的具体内容；既要注意普遍现象、普遍规律的总结，又要注重个性特点的探析。

四是在研究队伍上，要加强海外华文教育研究的智库建设和队伍培养，尽快形成具有较强实力的"华文教育学派"，有较成熟、较系统的研究理论、观点和方法，产生一批较具影响力的学术成果，以巩固和提高华文教育学的学术地位。

五是在研究平台上，一方面要加大对现有专业期刊的支持力度，使其尽快成长为具有较高学术层次和较强学术影响力的名刊；另一方面，要鼓励更多高校特别是华文教育基地院校积极创办华文教育专业期刊、集刊，出版更多专著、论丛、文集等，不断拓宽华文教育研究成果的发布渠道，更好地发挥理论研究的先导作用与指导意义。

第四节　华文教育的三对关系

要全面、准确地理解海外华文教育，除了了解其基本内涵、历史沿革、发展现状及未来趋势等主要情况之外，还应与孔子学院、台湾方面等同行进行分析比较，同时也要从国际格局着眼，探析国际关系变化可能产生的影响。因此，把握和处理好华文教育与孔子学院、大陆华文教育工作与台湾华文教育工作、华文教育与国际格局这三对重要关系，对做好新时期的海外华文教育工作同样具有重要意义。

一　华文教育与孔子学院

作为目前在海外开展汉语教学和传播中华文化的两个主要渠道，华文教育与孔子学院既有区别又有联系。然而，在实践中，不少人对二者的关系不甚明了，容易引起混淆。关于华文教育与孔子学院的关系，笔者认为可以从以下几个方面加以区分。

（一）共同点

第一，目标定位上，华文教育与孔子学院均以教授汉语、弘扬中华文化，增进中外人文交流、夯实中外友好为主要目标。比如，《孔子学院章程》第一条就明确指出："孔子学院致力于适应世界各国（地区）人民对汉语学习的需要，增进世界各国（地区）人民对中国语言文化的了解，加强中国与世界各国教育文化交流合作，发展中国与外国的友好关系，促进世界多元文化发展，构建和谐世界。"① 因此，二者教授的内容都为语言和文化，并无意识形态方面的内容，绝非一些西方人士所鼓吹的"文化入侵"。

---

① 《孔子学院章程》，国家汉办官网，http：//www. hanban. edu. cn/confuciousinstitutes/node_7537. htm。查询日期：2015 年 7 月 20 日。

第二，覆盖范围上，二者均以海外为主，且覆盖面很广。目前，华侨华人广泛分布在约200个国家和地区。侨胞们常说："有海水的地方就有华人，有华人的地方就有华文教育。"这是因为，即使一些国家和地区的华社还没有设立正规的华文学校或华文补习班，但侨胞们仍会通过家庭教育的方式来传承中华语言文化，留住中华文化和中华民族的"根""脉"。

尽管华文教育和孔子学院均面向海外，但在具体实施过程中，也都注重"请进来"的方式，每年会在国内组织举办各类教师培训班、夏令营等活动，以增进中外交流，让侨胞亲身感悟中国的发展变化和中华文化的博大精深。

第三，辅助力量上，华文教育和孔子学院的发展建设都得到了中国政府（包括中央及地方各级政府、各级各类学校等）的一定支持，包括提供各类华文教材和图书、帮助培养培训中文教师、举办丰富多彩的学生活动等。

（二）不同点

1. 主导力量。华文教育的主导力量是华侨华人，而孔子学院的主导力量则是中外的合作方，目前以大学层面为主。华侨华人兴办华文教育系自发、自主的行为，孔子学院的开办采用申请制，也都是"你情我愿"的事情，并无中国政府主导的色彩。

2. 依托平台。华文教育主要依托各类华文学校开展，而孔子学院则依托中外双方合作共建的孔子学院、孔子课堂。据孔子学院总部公布的数据，截至2019年6月，全球已有155个国家和地区建立了539所孔子学院和1129个孔子课堂（见表5-1）。

表 5 - 1 孔子学院与孔子课堂分布情况①

单位：所，个

分布地区	孔子学院	孔子课堂	国家/地区
亚　洲	126	112	35
非　洲	59	41	44
美　洲	150	559	26
欧　洲	184	322	43
大洋洲	20	95	7

资料来源：《关于孔子学院/孔子课堂》，国家汉办官网：http：//www. hanban. edu. cn/confuciousinstitutes/node_ 10961. htm。查询日期：2019 年 6 月 20 日。

3. 服务对象。华文教育的服务对象主要是华侨华人特别是华裔青少年群体，孔子学院的服务对象则主要是非华裔学生，即我们常说的"洋人"。尽管二者在服务对象上有比较明确的区别，但实际工作中，往往互有交叉，即华文学校吸引了许多友族子女前来就读，孔子学院中也招收了不少华裔青少年。

4. 教学模式。相比较而言，华文教育更具系统性，尤其是东南亚地区的全日制教育教学模式，从幼儿园延续至初、高中，形成了比较系统的中华语言文化基础教育。即使在欧美澳等周末制中文学校，也会有很多学生固定在一所中文学校，从幼儿园一直学到小学毕业。目前，已有一些华校开始向高中阶段延伸。而孔子学院目前更多地以选修课、培训班等阶段性学习方式为主。随着孔子课堂深入当地主流学校，今后可尝试、推广在主流学校中建立系统的汉语教育教学模式。

---

① 科摩罗、缅甸、马里、突尼斯、塞舌尔、瓦努阿图只开设孔子课堂，没有孔子学院。

（三）关于二者协同发展的若干思考

从以上异同的比较中可以看出，华文教育与孔子学院虽然分工不同、各有侧重，但地位与作用同等重要，不可偏废。二者如同一个人的两条腿，只有加强协调配合，加快汉语和中华文化走向世界的步伐，才能迈得又稳又快。就现阶段而言，华文教育与孔子学院可从以下几个方面进一步深化合作，协同推进。

一是要加强顶层设计。要推进海外华文教育与孔子学院协同发展，关键是加强顶层设计，从决策层面加强统筹协调。目前，这两块工作都建有相应的统筹协调机制，且各自的牵头部门都互为对方协调机制的成员单位。其中，华文教育方面是由国务院侨办牵头的"国家海外华文教育工作联席会议"，教育部、孔子学院总部（国家汉办）等都是该机制的成员单位；而孔子学院方面，则建立有孔子学院总部理事会，国务院侨办主任兼任理事会副主席，分管华文教育工作的副主任兼任理事。这就为双方加强沟通、协调与合作提供了重要的组织保证。为此，双方都应该充分用好这两个协调议事机制，每年互相通报工作计划，协商合作项目，从而进一步形成工作合力，避免互相掣肘。

二是实现资源共享。实现资源共享是推动海外华文教育与孔子学院协同发展最现实、最可行的对策。在这方面，双方之前已经有过一些合作，比如：孔子学院总部批准在缅甸福庆语言学校、奥地利维也纳中文学校等几所华文学校中设立孔子课堂，给予支持；国务院侨办将其编写的《中国历史常识》《中国地理常识》《中国文化常识》的图书版权转让给孔子学院总部，由其改编为中英、中法、中俄、中西、中阿等九个中外文对照版本，发行海外。

未来双方在资源共享上，可以继续进行全方位的深度合作。例如，双方组织编写的全部教材、图书等，可以进行全方位共享，无论哪一方的服务对象有需要，均可以免费、足量获取；孔子学院总部每年可给予海外华文学校一定的志愿者选派名额，帮助解决华文学校师资短缺的困难；可继续在有规模、有实力的华文学校中设立孔子课堂，有的甚至可以开设孔子学院，此举既能加快孔子学院（孔子课堂）走向世界，也可以发挥孔子学院总部的资源和优势，帮助华文学校加快发展，一举两得。

三是推进优势互补。同样是以推广汉语和弘扬中华优秀文化为使命，且各有各的优势与不足，海外华文学校和孔子学院完全可以优势互补，共同发展。比如，可以联合举办相关的语言文化推广活动，在当地营造学习汉语和中华文化的良好氛围；可以联合举办招生宣传活动，扩大社会知名度；还可以共同做好当地主流社会的工作，争取他们对汉语教学工作给予更多支持；等等。

总之，为了共同的使命，华文教育与孔子学院唯有加强协调配合，实现优势互补，才能加快汉语和中华文化走向世界，赢得更大发展。

二　华文教育与两岸关系

由于历史和现实的原因，两岸都设有侨务部门，都高度重视海外华文教育工作。长期以来，为了凝聚侨心、涵养侨务资源，两岸都大力开展华文教育工作。近年来，随着两岸关系取得一系列重大进展，开创出和平发展的新局面，两岸及海外的华文教育界也在积极呼吁应该加强交流合作，共同助力中华民族伟大复兴。

（一）台湾地区的华文教育工作情况①

1949 年以来，台湾方面始终把海外华文教育工作视为侨务工作或华侨文教的重点，一直采取各种措施促进海外华文教育发展，由于起步早、坚持久、应变快，这些工作成效明显。②

在管理机构方面，台湾的海外华文教育工作主要以"侨务委员会"为主，各部门机构协同负责。在"侨务委员会"下设有专司海外华文教育工作的侨教处，侨教处下又分设学校教育科、教学资源科、社会教育科和远距离教学科这四个科，分别办理相关事务。③ 此外，为了适应海外新移民增多、对华文教育需求增多的情况，早在 1988 年，台湾"侨务委员会"就在美国加州的桑尼维尔市（Sunnyvale）设立了首个华侨文教服务中心——金山湾区华侨文教服务中心。截至 2013 年，已在美国、加拿大、巴西、澳大利亚、菲律宾和泰国设立了 17 个华侨文教服务中心。台湾"侨务委员会"通过这些文教服务中心，扩大海外华文教育市场，以提升台湾所谓的"国际能见度"。④

在工作内容方面，台湾"侨务委员会"主要也是围绕教材、教师、学生三个方面展开。以教师培训为例，台湾方面通过"请进来""走出去"等方式培训现职华文教师。其公布的数据显示，每年培训人数为 3000~5000 人（见表 5-2）。

---

① 由于研究资料有限，"台湾地区的华文教育工作情况"这部分，大多采用了台湾世界华语文教育学会秘书长董鹏程、台湾高雄师范大学华语文教学研究所教授方丽娜合作撰写的《台湾地区涉外华文教育的历史与现状》一文的资料与数据，特此说明并致谢！
② 张向前：《世界华文教育发展研究》，中国言实出版社，2010，第 39 页。
③ 董鹏程、方丽娜：《台湾地区涉外华文教育的历史与现状》，载丘进主编《华侨华人研究报告（2013）》，社会科学文献出版社，2014，第 310~312 页。
④ 董鹏程、方丽娜：《台湾地区涉外华文教育的历史与现状》，载丘进主编《华侨华人研究报告（2013）》，社会科学文献出版社，2014，第 326 页。

表 5-2　2005~2011 年台湾"侨委会"培训海外华文教师情况

单位：人

年份 方式	2008	2009	2010	2011
回台参训者	538	411	457	584
巡回讲学受训者	4674	3691	4695	3085
合计	5212	4102	5152	3669

资料来源：董鹏程、方丽娜：《台湾地区涉外华文教育的历史与现状》，载丘进主编《华侨华人研究报告（2013）》，社会科学文献出版社，2014，第 327~328 页。

又比如，在推动海外华文教师和华裔青少年终身学习、在线学习方面，台湾"侨务委员会"也做得比较扎实。1956 年，台湾复办华侨华人教育函授学校（前身为成立于 1940 年的侨民教育函授学校，后因各种原因停办。1966 年更名为"中华函授学校"）。到 1979 年，该校又在函授的基础上增设"空中书院"，通过广播定期教授语文、历史、文化等课程，为偏远地区的侨胞学习提供便利。1997 年以后，因应信息技术的发展，函授课程逐步电子化，参加函授学习的学生总数累计超过了 50 万人次。①

在联系华校方面，台湾"侨务委员会"直接联系、资助的约 2800 所。其中，东南亚地区的全日制华文学校 1500 多所；欧洲、美洲、大洋洲等地的周末中文班 1200 多所；由台湾教育部门在东南亚地区设立的台湾学校 5 所，其学制、教材及师资均与台湾一致，实现同台湾的教育体制相衔接。

依据 2013 年 3 月台湾"侨务委员会"负责人发布的报告，目前台湾的海外华文教育工作重点有六个方面。一是巩固侨校体系，

---

① 张向前：《世界华文教育发展研究》，中国言实出版社，2010，第 44 页。

促进与主流教育合作；二是组织培训海外侨教师资，推动海外优质华文教育理念；三是强化全球华文网络教育，深化侨民数字科技智能；四是加强收集编制"认识台湾"系列教材，推广台湾文化，提高台湾"能见度"；五是推展海外侨社艺文活动，拓宽多元文化发展渠道；六是运用现代网络教学科技，提升函授远距教育功能。①

（二）两岸华文教育合作的未来展望

鉴于两岸的政治现状，以及海外华侨华人社会长期存在"亲大陆"与"亲台湾"两大群体的客观事实，从争取侨心、凝聚侨心这方面来说，两岸在华文教育领域依然是一种竞争关系。20世纪90年代以来，特别是进入21世纪后，随着中国大陆综合实力的迅速提升，以及汉语拼音、简体字在海外的普及，有不少"亲台"华校开始尝试采用大陆编写的教材，教授汉语拼音和简体字。有的甚至主动与大陆有关方面联系，参加其组织举办的教师培训、学生活动等。这种此消彼长的变化正可谓"时也，势也"。

但是，从在海外弘扬优秀中华文化这个角度来讲，两岸在华文教育领域又是具有合作空间的。习近平总书记指出："大家同根同源、同文同宗，心之相系、情之相融，本是血脉相连的一家人。"②他强调："两岸同胞要相互扶持，不分党派，不分阶层，不分宗教，不分地域，都参与到民族复兴的进程中来，让我们共同的中国梦早日成真。"③民族复兴梦的一项重要内容就是要不断提升中华

---

① 董鹏程、方丽娜：《台湾地区涉外华文教育的历史与现状》，丘进主编《华侨华人研究报告（2013）》，社会科学文献出版社，2014，第322页。
② 习近平：《习近平谈治国理政》，外文出版社，2015，第237页。
③ 习近平：《习近平谈治国理政》，外文出版社，2015，第240页。

文化的国际影响力。因此，在弘扬优秀中华文化方面，两岸华文教育界的目标是一致的，具备合作的基础。2009 年召开的首届世界华文教育大会上，时任国务院侨办副主任赵阳就表示，虽然海峡两岸在一些方面存在分歧，但在帮助华侨华人在海外生存、发展，推动和促进中华文化在世界传播的问题上，有较多的共识和较强的互补性。作为中华民族大家庭的组成部分，海峡两岸既然可以在经济、科技、文化、体育方面进行交流与合作，也完全可以在华文教育领域加强交流与合作，共同推动华文教育事业的发展。① 大陆方面的倡议得到了台湾华文教育界的积极响应。台湾世界华语文教育学会顾问任弘认为，两岸华教界在海外支持华文教育的方式同多异少，应协调、整合相关资源。②

近年来，两岸的华文教育合作从无到有，取得了一些积极进展。比如：从 2008 年开始，大陆高校与台湾世界华语文教育学会合作，每年举办世界华语文教学研究生论坛，以增进两岸未来的华文教师和华文教育工作者之间的沟通、交流；2011 年以来，暨南大学、华侨大学、北京华文学院又先后与台湾世界华语文教育学会合作，举办了四届两岸华文教师论坛，搭建起了两岸华文教师和教育工作者的沟通平台，逐步形成了机制化、常态化的交流机制。今后，只要两岸华文教育界能够坚持从维护好和发展好中华民族的整体利益出发，共同致力于弘扬优秀中华文化，那么两岸的华文教育合作还将取得更多实质性进展。

---

① 《赵阳倡议海峡两岸共同促进华文教育大发展》，中国新闻网，2009 年 10 月 20 日，http：//www.chinanews.com/hwjy/news/2009/10 - 20/1920247. shtml。
② 《台湾学者任弘：两岸应协调整合海外华文教育资源》，中国新闻网，2014 年 8 月 24 日，http：//www.chinanews.com/hr/2014/08 - 24/6524472. shtml。

三　华文教育与国际关系

海外华文教育的发展受多种因素的影响和制约，国际关系便是其中的重要因素之一。二战以前，国际关系变化对华文教育的影响并不明显。二战及冷战期间，华文教育中的国际关系因素日益凸显，并在一段时期内成为主导华文教育存续的决定性因素。冷战结束后，中外关系的持续改善和发展，不仅使华文教育的发展环境日渐宽松，而且为其复兴注入了强大的正能量。

（一）二战期间国际关系变化对华文教育的影响

1941 年 12 月 8 日，太平洋战争爆发。日本法西斯开始大规模入侵东南亚各国。短时间内，泰国、马来西亚、新加坡、菲律宾、印尼等相继沦陷。日本殖民统治期间，各地华文教育陷入黑暗时期。《马来西亚华文教育发展史》中这样描述当时的状况："日军抵步之后，华教全面进入黑暗时代，学校被关闭，被改制，生员被凌辱，被杀害，种种惨状，不一而足。"[1]

起初，日本侵略者下令关闭所有华校。后来，在设置众多苛刻条件之后开始允许复办，比如，限制使用原有校名，所有教材必须经过日本当局审订方准使用，不得散发有反日或爱国主义内容的课本；将日文列为必修课，禁止教授英文等。[2] 以新加坡为例，沦陷之前，有华校 370 余所，学生近 4 万人，后来，只允许复办了 21 所，学生仅 2543 人。在华侨协会的交涉下，又陆续复办了 11 所。[3]

---

[1] 〔马来西亚〕郑良树：《马来西亚华文教育发展史》（第二分册），马来西亚华校教师会总会，1999，第 412 页。

[2] 黄昆章：《印度尼西亚华文教育发展史》，外语教学与研究出版社，2007，第 90～91 页。

[3] 〔马来西亚〕郑良树：《马来西亚华文教育发展史》（第二分册），马来西亚华校教师会总会，1999，第 416～419 页。

即使这样，复办的华校数量还不及沦陷之前的十分之一。

1942 年日军占领缅甸之前，全缅有各类华校 300 所，在校生 2 万余人。日军占领缅甸之后，强制推行奴化教育，各地华校相继解散停办，正常的华文教育完全中断。1944～1945 年初，中国远征军反攻缅北，每攻克一地，就着手恢复或创办当地华校。当遇到师资短缺的困难时，远征军还曾调派政工人员充当教师。据统计，到 1945 年底，华校已复办 47 所。①

华文教育陷入黑暗时期的客观事实，无可争辩地说明，日本军国主义给亚洲受害国人民带来了深重的灾难。

（二）冷战期间国际关系变化对华文教育的影响

二战结束后，海外华文教育迎来了短暂的复苏。例如，在印度尼西亚，1950 年，各类华校已有 816 所，学生 22.7 万人。到 1953 年，华校数量迅速攀升至 1371 所，学生人数达 25.473 万人。至 1957 年时，印尼的华文学校多达 1800 所，学生总数突破 42.5 万人。② 短短的几年时间，印尼华文学校就增加了近千所，学生人数增加了约 20 万，其复苏速度之快可见一斑。

然而，好景不长，这种复苏态势很快由于意识形态的斗争而遭到扼杀。在美苏争霸的时代大背景下，西方掀起了反对新中国的反共反华运动。东南亚国家大多持反共态度，并在本国国内从政治、经济、文化等各个领域采取同化华人的政策。此时，华文被视为社会主义语言，有的国家甚至把华文教育和共产主义的传播联系在一起。③ 1955

---

① 蔡昌卓主编《东盟华文教育》，广西师范大学出版社，2010，第 195 页。
② 黄昆章：《印度尼西亚华文教育发展史》，外语教学与研究出版社，2007，第 112 页。
③ 黄枝连：《东南亚华族社会发展论》，上海社会科学院出版社，1992。转引自周聿峨《国际关系变化中的海外华文教育》，《比较教育研究》2001 年第 12 期。

年，菲律宾国会就以"共党渗透华侨学校"为名，大造舆论，抨击华侨学校，主张严格监督华侨学校，甚至主张关闭华侨学校。①华文教育遂被"政治化"，并卷进了激烈的国际政治斗争和意识形态斗争。

于是，华文教育在各国开始遭受不同程度的限制、打压。比如，印尼自 1958 年起，陆续实施一系列更为严厉的限制华文教育的政策。1958 年 4 月印尼颁布《关于设立外侨学校的城市和地点的决定》，只准许在州或县政府所在地的 158 个地点开办外侨学校。1959 年印尼再度掀起排华浪潮，华校被当局以各种借口关闭。据估计，1959～1960 年，有 72% 的华校因各种原因被迫关闭。1965 年"9·30 事件"之后，印尼政府进一步取缔华校。到 1966 年 5 月，被关闭的华校有 667 所，因此辍学的学生达 272782 人。②1967 年 6 月 7 日，苏哈托颁布了《关于解决华人问题的基本政策》，规定："除了外国使节为他们的家庭成员所办的学校之外，一概不得有外国学校。"③ 自此，印尼华文学校的合法地位被彻底否定。

在泰国，1946～1948 年是泰国华文教育蓬勃发展的时期。据统计，1948 年登记在案的华校达 426 所，在校生 6 万人。④ 从 1948 年开始，华文教育受到各种限制，包括限制华校数量，不准续办华文中学；校长、督学等须由泰国人担任；华文小学每周的中文课程

---

① 蔡昌卓主编《东盟华文教育》，广西师范大学出版社，2010，第 235 页。
② 梁初鸿、郑民：《华侨华人史研究集（二）》，海洋出版社，1989，第 285 页。
③ 黄昆章：《印度尼西亚华文教育发展史》，外语教学与研究出版社，2007，第 155～156 页。
④ 傅增有：《泰国华文教育历史与现状研究》，《华侨华人历史研究》1994 年第 2 期。

不能超过 10 小时，且五、六年级不得教授华文，等等。① 到 1987 年，全泰华文学校仅存 125 所，学生不足 3 万人，教师不足 500 人。②

在缅甸，二战后至 1962 年，华文教育逐渐恢复并得到发展。到 1962 年，缅甸有华文学校 259 所，在校生 3.9 万人。③ 1963 年，缅甸政府开始严格管制华校，规定华校学生必须接受缅文课程，外文授课时间每天不得超过一个小时，华校如果加授华文只能利用业余时间。1965 年，缅甸颁布《私立学校国有化条例》，将华校收归国有，1967 年又颁布《私立学校登记条例修改草案》，规定除了单科补习学校之外，不准开办其他一切形式的私立学校。同一年，缅甸发生了"6·26"反华事件。之后，政府明令禁止华文教育，连家庭补习班都不允许，华文教育一度完全停滞。④

总之，20 世纪 50、60 年代以后，东南亚各国对华文教育的管理越来越严，限制也越来越多，使华文教育陷入了全面萎缩的困境。

（三）冷战后国际关系变化对华文教育的影响

冷战结束后，经济和科技在国际关系中的地位提高，而意识形态的对立相对淡化。各国都在加紧发展本国经济，努力提升自己在多极化世界中的地位和影响。随着亚太地区经济的蓬勃发展、亚洲"四小龙"的成功、中国实行改革开放政策，华文的实用价值也随

---

① 耿红卫：《泰国华文教育的历史回顾与梳理》，《八桂侨刊》2010 年第 4 期。
② 顾明远：《教育大辞典》，上海教育出版社，1992，第 396 页。
③ Douglas P. Murray, "Chinese Education in South-east Asia", *The China Quarterly*, No. 20, 1964, p. 79. 转引自范宏伟《缅甸华文教育的现状与前景》，《东南亚研究》2006 年第 6 期。
④ 蔡昌卓主编《东盟华文教育》，广西师范大学出版社，2010，第 195~199 页。

之提升。① 菲律宾经济学家末那洛·维礼牙示在评论菲律宾经济的前景时表示，菲国华人在菲律宾未来的经济成长与发展中将扮演重要的角色。亚洲的三个新兴工业国家与地区（中国台湾、中国香港、新加坡），普通话是华人唯一可以沟通的共同语言。在亚太地区，中国的普通话远较英语管用。因此，中国的普通话已成为亚洲地区的一种"功能性语言"。② 曾担任欧洲议会议员的英国人沃森也指出，在21世纪，中文和英文将成为全球最主要的两种语言。他建议，英国的儿童应该从5岁起就开始学中文。其主要理由是，目前全世界说中文的人口比欧洲再加上北美洲的总人口还要多，掌握中文不仅有助于商贸活动，而且还符合"全球化"的大趋势。③

出于发展同中国友好合作关系的现实需要，各国不得不重新考虑其华文教育政策。1989年11月18日，当时的泰国教育部部长就曾召集全国的华人社团和华校代表开会，讨论华文教育政策问题。会议达成的共识是：中文教学没有对泰国的安定制造麻烦，相反对泰国的经济社会发展有好处。④ 1992年泰国内阁会议正式通过的教育部呈请放宽华文教育的提案，主要内容包括：将华文与英、法、德、日文同等对待，列入泰国外文教育政策规定的语言种类；允许民校五、六年级教授华文；允许将华文列入民校中学阶段的选修课，大学可以设立中文系或中文组；放宽华文教师资格限制，准

---

① 周聿峨：《国际关系变化中的海外华文教育》，《比较教育研究》2001年第12期。
② 俞云平：《90年代东南亚国家华文教育政策的新变动》，《南洋问题研究》1995年第2期。
③ 《中英文将成为两大"全球性语言"》，光明网，2002年7月10日，http://www.gmw.cn/02sz/2002-07/10/09-37FCF9AA6ADB7C3D48256C150032E422.htm。
④ 蔡昌卓主编《东盟华文教育》，广西师范大学出版社，2010，第324页。

许华文民校聘请不懂泰文的教师任教，等等。[①] 2002 年，诗琳通公主更是亲赴北京大学学习汉语，为泰国国民做了表率。之后，泰国掀起了一阵阵"汉语热"。据估计，目前泰国有比较正规的华文民校、华文学校 600 多所，各类商业性质的华文补习班、培训班、夜校等上百所。[②] 据报道，2012 年，泰国开设汉语课程的各类学校就达 3000 多所。[③]

1990 年，中国与印尼恢复外交关系之后，两国各领域的交流与合作不断拓展、深化，印尼方面急需懂得中文的各类人才。于是，印尼的华文教育政策开始有所松动。1994 年，印尼允许旅游部门开办华语补习班，可在大学里增设汉语系。1995 年，雅加达华人开办汉语辅导中心，设有会话班、旅游班、商贸班和翻译班等。到第二年，该辅导中心的学员已有 220 人。[④] 1998 年，受亚洲金融危机的影响，苏哈托下台，哈比比接任总统。面对经济困局，印尼发展同中国关系的重要性和紧迫性进一步增强，政府遂加快华文教育政策调整步伐。8 月 24 日，哈比比总统对路透社记者表示，政府将允许印尼国内任何学校教华文，学生可以像选修英文、德文和法文那样选修华文。12 月，印尼文教部部长颁布第 0288 号决定书，允许开办华文补习班。1999 年 5 月 5 日，哈比比总统发布第 4 号总统训令，允许在校生选修华文。10 月 14 日，文教部发布第 269 号条例，允许民间独立开办华文补习班。此后，瓦希德、梅加

---

① 俞云平：《90 年代东南亚国家华文教育政策的新变动》，《南洋问题研究》1995 年第 2 期。

② 蔡昌卓主编《东盟华文教育》，广西师范大学出版社，2010，第 329 页。

③ 《中国国家汉办主任许琳："在辛苦中快乐前行"》，中国新闻网，2012 年 6 月 26 日，http://www.chinanews.com/hwjy/2012/06-26/3986625.shtml。

④ 黄昆章：《印度尼西亚华文教育发展史》，外语教学与研究出版社，2007，第 176 页。

瓦蒂、苏西洛等历任印尼总统，都继续放宽华文教育政策。2001年8月，印尼政府允许民间开办华文学校或其他外语学校，数量和规模不受限制。① 华文教育得以在印尼复苏，并迅速发展起来。

从华文教育在东南亚的起伏历程可以看出，二战之后，语言文化在国家安全战略中的地位不断提升。因此，每当国际关系风云变幻时，往往也会波及当事国的语言文化政策。中华人民共和国成立之初，受西方的鼓动，一些东南亚国家视中文为威胁，于是对华文教育采取管制、禁锢政策。随着中国的日益发展和中外关系的持续改善，它们又将中文看作机遇，转而纷纷鼓励本国民众学习中文，支持华侨华人开展华文教育。一言以蔽之，华文教育与国际关系的内在联系进一步说明：语言文化既是软实力，也是硬实力，需要有强大的国家做后盾！

---

① 黄昆章：《印度尼西亚华文教育发展史》，外语教学与研究出版社，2007，第178~182页。

附录　成果概述

一　《建构与博弈：海外华裔新生代文化认同的场域化形塑》[1]

本文论述了海外华裔新生代文化认同形塑的建构与博弈过程。作者认为海外华裔新生代的在地文化认同在不断凸显的同时，祖籍文化认同却不断衰减。通过对海外华裔新生代阿伦进行个案研究，作者梳理了海外华裔在地文化认同的建构机制，并剖析了祖籍与在地双重文化认同对海外华裔新生代的形塑过程。

作者从建构主义视角和场域博弈视角归纳了文化认同形塑领域的理论研究，并通过个案揭示了海外华裔新生代的历时性祖籍文化认同逐渐被共时性的在地文化认同遮蔽，文化价值观显示出在地化的现象。

一是多元文化主义社会语境下的多元文化政策给海外华裔新生代提供了参与公共事务的机会，国外主流文化价值观的趋同速度加快，加之国内华文教育存在不足，使祖籍文化认同在场域博弈中处于劣势；二是海外华裔新生代在在地教育的过程中被动融入当地主流社会，从而在文化认同上更趋于在地文化；三是国外媒体引导了

---

① 董丽云：《建构与博弈：海外华裔新生代文化认同的场域化形塑》，《世界民族》2016
年第 2 期。

海外华裔新生代的价值观，制造和强化了在地文化，从而潜在地加强了文化认同。

作者提出了构建新型的海外华裔新生代祖籍文化认同与国家认同的方法。首先，应当增强国家的软硬实力，加强在互联网时代的侨务公共外交。其次，要加强修辞策略，主要诉诸中华民族丰富的历史文化来提升祖籍文化认同的实效。再次，要将华文教育与当地实际结合，涵养祖籍文化认同。最后，要多层次、多方位提升民族吸引力，塑造魅力型祖籍文化。

二　《教育生态学视角下的华文教育区域化研究》①

本文从教育生态学的研究视角与方法出发，审度了国内外华文教育的发展与传播现状。作者结合不同区域的生态特点和需求，并根据华文教育区域化的必要性，提出其未来发展传播的具体方向。

对比分析国内外华文教育的发展状况，一方面，海外华文教育不同国家的生态特征导致了华文教育形式与性质的不同，需要重视生态环境与华文教育的关系。另一方面，在目的语环境中进行的国内华文教育有着统一的政策方针，因此，不同区域的群体成分、生态环境以及不同学校的培养模式是至关重要的影响因素，但国内在生态环境方面的华文教育研究仍处于空白阶段，不够全面。

作者进一步提出将区域作为华文教育生态系统中生态因子的必要性。其一，区域的概念可以突破目前华文教育推广存在的问题，填补华文教育基础单位的空缺。其二，华文教育评价体系的缺失与

---

① 万筱铭：《教育生态学视角下的华文教育区域化研究》，《教育研究与实验》2016 年第 6 期。

不成系统的华文教育模式的统筹管理，都可以通过区域化的视角来化解，这不仅能革新华文教育发展理念，也有利于区域社会的发展。

在此分析基础上，作者对华文教育区域化展开具体设想，分为三个方面：一是在充分的区域调研基础上，进行合理全面的宏观统筹与法律保障；二是在了解区域生态发展状况及对华文教育的影响后，明确区域华文教育的责任与角色定位；三是按照区域化的发展模式建立一套华文教育发展体系。

三 《汉语言文化国际推广战略问题及策略分析》[①]

自 2014 年习近平主席提出"文化强国"战略以来，文化的核心价值及其对国家总体战略的决定性作用得到强调。语言作为文化的载体，对国家文化软实力的增强起着至关重要的作用。以汉语文化输出为依托的孔子学院，作为中国文化形象的官方代言人的海外中国文化中心，以华人华侨为介、发展华裔传承的国侨办，以及政府间接扶持的非营利性机构与民间组织都是汉语言文化国际推广的主体与形式。

然而，它们的发展也存在以下四个问题：（1）推广机构功能重复，管理分散，缺乏广泛的社会参与；（2）资金不足，机构运转被动；（3）汉语推广进程中的"三教"问题（汉语教师数量不足，教材不适应或短缺，教学方法不适合国外教学环境）是瓶颈；（4）汉语与文化关系把握不准确，语言先行还是文化先行值得讨论。

---

① 贾涵：《汉语言文化国际推广战略问题及策略分析》，《中华文化论坛》2016 年第 7 期。

针对以上四个问题，作者也发表了自己的见解，提出了六个解决方案：（1）把握语言文化顺利推广的决定性因素，体现尊重，寻求认同；（2）处理好国内语言文化建设与国际推广的关系；（3）重视海外华文教育资源，整合华文教育与汉语国际推广；（4）"三教"开发与推进仍是重要手段；（5）鼓励民间资本参与，建立营利模式，提高自身造血能力；（6）加强体制改革，创新推广方式。

四　《二十一世纪以来印尼华人"再华化"现象研究》①

随着印尼总统瓦希德的就任，其友好的对华外交政策改善和提升了华人在印尼的地位。同时，自 2000 年以来中国经济的飞速发展，也吸引了包括印尼在内的世界各国的关注。又由于新移民的加入，华人社会"再华化"现象在印尼出现。印尼与中国关系的改善和发展，新加坡、马来西亚华人文化认同现状的提升共同成为印尼华人"再华化"的外部动力。此现象主要表现在三个方面：（1）华文教育的兴盛；（2）华人社团推动华语教育，鼓励年轻华裔集成族群文化；（3）华人对传统节日的传承及其身份认同的发展。

这一现象的出现也引起了学术界关于这是否为"再华化"，以及"再华化"是否等同于"再中国化"这两个问题的讨论。目前学术界主要有以下三种观点：（1）认为印尼华人社会不存在"再华化"；（2）认为目前印尼华人社会确实存在"再华化"现象；（3）对印尼华人"再华化"的动机产生怀疑。以调查为支撑，作者否认了第一种观点，并指出持有第三种观点的作者将"再华化"

---

① 张小倩：《二十一世纪以来印尼华人"再华化"现象研究》，《世界民族》2016 年第 1 期。

与"再中国化"混为一谈。同时，作者认为该现象有利于推动印尼族群之间的融合，印尼国家的发展，以及中国和印尼双方的进一步了解。

五　《从国文、中文到华文：新加坡中学华文教科书的本土化建构》①

新加坡的华文教育史，可以简要归纳为早期殖民地及日治时期、独立建国前后与 20 世纪 80 年代至今三个阶段。

（一）侨民教育理念下殖民地时期的华文教科书（1919～1945年）

自 20 世纪初至 1945 年新加坡光复，这 40 多年的华文教育实际上是晚清和中华民国侨民教育的一环，"国语""国文"是其时华文教科书最为普遍的名称。这一时期中学华文教科书的选用，除了 20 世纪 30 年代后期出现零星的本地编印出版之外，绝大多数是从中国进口的。华文和文学教材在内容上充满反帝与排外的色彩，较多宣扬中国本位的爱国思想。这一时期华文教科书的本土化建构主要体现为出版权的自主与否。

（二）独立建国前后华文教科书的本土化历程（1945～1979年）

1945 年以后，政府先后宣布与推行了一系列的新教育政策。这时改编的中小学华文教材都加插了部分具有马来西亚色彩的课文，尤其体现在中学高年级的华文教科书中，华文教科书的出版规模扩大。

（三）分流与双语教育背景下华文教科书的本土化建构（1979年至今）

这一时期，新加坡教育界出现了两件影响华文教科书本土化进

---

① 王兵：《从国文、中文到华文：新加坡中学华文教科书的本土化建构》，《文艺理论研究》2016 年第 6 期。

程的重大事件。其一，1979 年 3 月，《新加坡教育部报告书》（亦称《吴庆瑞报告书》）提出了影响深远的分流教育制度，即让不同学习能力的学生修读不同的课程。其二，1987 年政府全面取消华校，即如李光耀所说：“到了 1987 年，所有的学校，都以英文作为第一语文和主要的教学媒介语，同时以母语为必读的第二语文。”

中学华文教科书的命名从“国文”“中文”演进为“华文”，呈现出本土化建构的轨迹。

六 《东南亚各国政策对汉语传播影响的历时国别比较研究》[①]

（一）东南亚多国政策对汉语国际传播的影响具有“波段共振性”

1. 自然发展时期：20 世纪初至 20 年代末

各国语言政策由殖民政府制定，各国华文教育的发展情况虽各有不同，但总体上还是自由、稳步发展，华人陆续兴办华校。

2. 严厉管制时期：20 世纪 20 年代末至 40 年代中期

20 世纪 20 年代末至 40 年代中期，东南亚多数国家制定了一些严格限制甚至禁止华文教育的政策或规定。

3. 恢复发展时期：20 世纪 40 年代中期至 50 年代末

第二次世界大战结束后，中国与东南亚多数国家关系快速改善，华文教育也进入恢复发展期。其间，菲律宾华文教育最为发达。此外，缅甸、越南、柬埔寨等国这一时期的华文教育也都迅速恢复。然而，这一恢复时期仍有很多羁绊。战后东南亚国家民族主义思潮兴起，各国纷纷制定相应的政策重视本民族语言教育，华文

---

① 吴应辉、何洪霞：《东南亚各国政策对汉语传播影响的历时国别比较研究》，《语言文字应用》2016 年第 4 期。

教育虽然得以恢复，但发展受到一定限制。

4. 遭受打压时期：20 世纪六七十年代

20 世纪六七十年代，东南亚政局动荡，导致大部分国家的华文教育遭受沉重打击，只有个别国家继续缓慢发展。

5. 良好发展时期：20 世纪 80 年代以来

汉语在东南亚地区传播的良好发展时期可分为两个阶段：一是平稳发展阶段，主要是 20 世纪最后 20 年；二是高速发展阶段，主要是 2000 年以后，中国改革开放步伐加快，与此同时，东南亚各国也大多实行务实的外交政策，与中国多边关系取得了较好发展，各国汉语教学政策也随之得到调整。尤其是 20 世纪 80 年代末以来，各国陆续推出有利于汉语教学的政策。

（二）东南亚国家政策对汉语传播影响具有国别差异性

1. 国家政策使汉语（华语）在东南亚各国的地位存在明显差异

华语在新加坡虽然政治地位最高，但与现实反差较大。马来西亚的情况与新加坡相反，华语政治地位不高，未被确定为官方语言，但在社会生活中，尤其是华人社会受到高度重视。印尼和泰国自 20 世纪 90 年代以来，汉语传播速度加快。

2. 国家政策对汉语传播程度影响具有国别差异性

不同的国家政策对汉语在各国传播的程度带来了国别差异。马来西亚华人社会更加团结，华文教育更有成就。新加坡华语正在逐渐从华人的第一语言转化为许多青少年的第二语言。

几点思考：（一）国家间外交关系决定语言国际传播的大方向；（二）海外华人华侨语言文化传承要遵循所在国法律规定；（三）汉语国际传播要避免意识形态冲突；（四）建立需求导向的东南亚汉语传播服务体系。

七　《新时代世界华文教育发展理念探讨》①

新时代为华文教育发展创造了新的机遇和条件，同时也为华文教育发展提出了新要求、新任务、新目标。作者探讨了新时代下世界华文教育发展理念这一重大现实课题，并提出新时代世界华文教育发展"十大理念"。

（一）"新时代"发展理念

华文教育在"新时代"条件下要更快更好地发展，就必须坚持以习近平新时代中国特色社会主义思想为指导，科学分析新时代世界华文教育发展现状、存在的问题与发展需求，制定符合"新时代"发展特征与需要的华文教育发展规划与具体措施，更好更快地推动世界华文教育发展迈上新台阶。

（二）"全球化"发展理念

要把华文教育置于中国和世界全球化发展的大背景下，面向全球推进华文教育大发展，以适应"全球化"对中华语言文化的现实需求，满足各国人民学习中华语言文化的需要，从而推动中外人文交流和民心相通。

（三）"大华文教育"发展理念

华文教育应该整合世界各国优势资源与力量，建立"全球华文教育责任共同体"，形成"世界华文教育联盟"，倡导人人学习、人人参与、人人担当、人人奉献，共同推动华文教育全球化发展。

（四）"融入主流"发展理念

"融入主流"是世界华文教育发展不可缺少的重要理念，是新

① 贾益民：《新时代世界华文教育发展理念探讨》，《世界汉语教学》2018 年第 2 期。

时代华文教育全球化发展的必然选择，是华文教育可持续发展的重要途径。

（五）"多元驱动"发展理念

新时代世界华文教育发展已经进入"多元驱动机遇期"，尤其是在政治、经济、文化、区域、内生五个方面。我们要善于整合、利用"多元驱动"资源与力量，助推华文教育和汉语国际教育事业的新发展。

（六）"民间力量"发展理念

"民间力量"是世界华文教育一支非常重要的力量。但国内从事华文教育的"民间力量"非常薄弱，远远不能适应快速发展的华文教育的需求。支持"民间力量"开展华文教育势在必行，树立华文教育"民间力量"发展理念非常必要。

（七）"转型升级"发展理念

新时代给华文教育提出了新任务、新要求，使华文教育的"转型升级"成为可能与必然。在推动以内涵发展、质量提升为核心内容的"三化"和"六大体系"建设的基础上，应该重视多个方面的"转型升级"。

（八）"华文教育+"发展理念

华文教育将在"华文教育+"发展理念引领下呈现多元发展态势，是新时代对华文教育提出的新要求。至少要重视：中华文化传播、职业（专业）教育、通识教育、信息技术、产业化五个方面的内容。

（九）"产教融合"发展理念

华文教育"产教融合"发展理念是基于世界范围内社会产业、市场对中华语言文化人才需求而提出的。

（十）"华教安全"发展理念

在思想上必须牢固树立"华教安全"等发展理念，提高教育安全警惕性；在行动上要建立海外华教安全预警、防范和应对机制，统筹国内国外，完善教育安全制度体系，加强教育安全能力建设，维护华侨华人社会合法权益。

参考文献

会议文献

陈怡静：《从中文国际学校谈在印度尼西亚的汉语教学与文化在地化——以泗水台北学校为例》，《第六届东亚汉语教学研究生论坛暨第九届北京地区对外汉语教学研究生学术论坛论文集》，北京，2016 年 5 月。

陈姿桦：《华文听力教材及教学的开放性研究——以第一册〈汉语听力教程〉教材为例》，《第十届中文教学现代化国际研讨会论文集》，广州，2016 年 8 月。

丁培培：《华裔学前儿童汉语教材选编——以印尼培民国际学校幼儿园为例》，《第六届东亚汉语教学研究生论坛暨第九届北京地区对外汉语教学研究生学术论坛论文集》，北京，2016 年 5 月。

熊玉珍、伍琴：《基于云终端华文移动学习资源设计及应用研究——以〈现代汉语词汇专题〉为例》，《第十届中文教学现代化国际研讨会论文集》，广州，2016 年 8 月。

核心期刊

崔守军、徐鹤：《拉美华人华侨在构建"中拉命运共同体"中的作用及路径》，《拉丁美洲研究》2018 年第 1 期。

董丽云：《建构与博弈：海外华裔新生代文化认同的场域化形塑》，《世界民族》（第二辑）社会科学文献出版社，2016。

韩晓明：《继承语理论对东南亚华语传播的启示》，《民族教育研究》2018年第1期。

洪柳：《"一带一路"背景下东盟国家汉语教育发展研究》，《河北师范大学学报》（教育科学版）2018年第2期。

贾涵：《汉语言文化国际推广战略问题及策略分析》，《中华文化论坛》2016年第7期。

贾益民：《新时代世界华文教育发展理念探讨》，《世界汉语教学》2018年第2期。

金进：《华校情节、代际区隔与国族意识——对新加坡华人国族意识建构历史的文学考察（1965～2015）》，《外国文学研究》2017年第3期。

李平：《新加坡华文课程标准及教材中"评价"元素的启示》，《中学语文教学参考》2016年第14期。

李一扬：《"含英咀华：世界华文文学的理论探讨与创作实践"国际学术研讨会综述》，《世界华文文学论坛》2017年第3期。

梁宇：《东南亚汉语教材发展评估的国别比较研究》，《民族教育研究》2017年第5期。

刘振平：《汉语语法在新加坡的变异及教学语法研究》，《汉语学习》2016年第3期。

陆赏铭、周建新：《马来西亚华人文化认同之汉字影响探讨》，《中华文化论坛》2016年第12期。

马峰：《东南亚华文女作家的定位与超越——以马华、新华及印华作家为参照》，《世界华文文学论坛》2017年第4期。

沈敏：《湖南华文教育工作现状与策略研究》，《湖南社会科学》2017 年第 6 期。

万筱铭：《教育生态学视角下的华文教育区域化研究》，《教育研究与实验》2016 年第 6 期。

王兵：《从国文、中文到华文：新加坡中学华文教科书的本土化建构》，《文艺理论研究》2016 年第 6 期。

王禹亭：《海外华侨教育与中国经济协调发展探究》，《教育发展研究》2017 年第 Z2 期。

吴应辉、何洪霞：《东南亚各国政策对汉语传播影响的历时国别比较研究》，《语言文字应用》2016 年第 4 期。

徐笑一、李宝贵：《海外华文本土教师培养的新模式探索》，《新疆师范大学学报》（哲学社会科学版）2018 年第 1 期。

于锦恩：《民国时期殖民地政府华文教育政策研究——以华文教科书被查禁为视角》，《河北师范大学学报》2016 年第 1 期。

张浩：《马来西亚华文学校对儒家思想的传承》，《世界宗教文化》2017 年第 1 期。

张梅：《中国侨务公共外交：问题与展望》，《现代国际关系》2017 年第 11 期。

张小倩：《二十一世纪以来印尼华人"再华化"现象研究》，《世界民族》2016 年第 1 期。

朱晓昆：《大众传媒助力华文教育——简析东南亚华文报纸的中文学习版面》，《新闻记者》2016 年第 7 期。

其他报刊

包秉龙：《从孔子学院新汉学计划谈印尼华文教育新发展》，《孔子学院》2016 年第 5 期。

步延新：《马来西亚华语教材句型分析——以〈一年级华文〉为例》，《云南师范大学学报》（对外汉语教学与研究版）2016 年第 3 期。

曹云华：《关键是民心相通——关于中国—东南亚人文交流的若干问题》，《对外传播》2016 年第 5 期。

柴逸扉：《2016 两会，海外同胞期待啥？》，《人民日报》（海外版）2016 年第 008 版。

陈佳：《在韩华人新移民子女的中文教育问题》，《青少年学刊》2016 年第 4 期。

陈曦：《论左秉隆在新加坡推广中华文化之影响》，《五邑大学学报》（社会科学版）2016 年第 4 期。

陈祥光：《东南亚国家华文教育特点分析与支持方法探讨》，《教育教学论坛》2016 年第 6 期。

陈晓霞：《"海外华裔青少年中华文化大赛"数据库分析与建议》，《海外华文教育》2016 年第 2 期。

陈之琳：《对菲律宾义德中学华语教学情况的探讨》，《语文学刊》2016 年第 1 期。

崔冠平、叶桂郴：《东南亚"一带一路"沿线国家华文教育研究》，《桂林航空工业学院学报》2016 年第 4 期。

方环海、郑通涛等：《全球化趋势下的"汉语在外教学"》，《海外华文教育》2016 年第 3 期。

冯帅：《调适与应对——缅华教育在奈温军政府时期（1962～1988）曲折发展》，《才智》2016 年第 26 期。

古武香：《对外幼儿华文教师应具备的素质和能力》，《新校园》2016 年第 2 期。

顾佳赟：《"一带一路"视阈下柬埔寨华人华侨的群体特征分析与政策选择》，《亚非研究》2016年总第9辑。

韩晗：《东南亚华文教育事业的燃灯者》，《中国报道》2016年第8期。

何小新：《在海外，他们是中国声音新代言人》，《团结报》2016年1月第002版。

侯宇：《新加坡中学生汉字书写偏误分析及对策——以新加坡务能中学为例》，《湖南第一师范学院学报》2016年第1期。

胡启明：《广西面向东盟的华文教育与海外统战工作研究》，《广西社会主义学院学报》2016年第5期。

宦佳：《做好"同圆""共享"两篇大文章——访国务院侨办主任裘援平》，《人民日报》（海外版）2016年3月第011版。

黄方方：《海外华文教育"三教"现状、问题及对策》，《社会科学家》2016年第8期。

贾益民：《"一带一路"建设与华文教育新发展》，《世界华文教学》（第二辑），2016年。

居玛丽：《抗战时期的印尼华侨教育概观（1937~1945年)》，《传承》2016年第2期。

李春凤、莫海文：《缅甸百年中小学华文教育发展及特点分析》，《八桂侨刊》2016年第2期。

李红蕾：《越南华文教育兴起的原因和问题分析》，《现代交际》2016年第14期。

李怀：《"一带一路"战略背景下的东南亚语言教育政策研究述评》，《语言政策与语言教育》2016年第1期。

李火秀、肖桂芳等：《赣南地域文化资源对华文教育的意义及应用路径——以江西理工大学华文教育为例》，《文教资料》2016年第17期。

李建涛：《泰国华裔中学生的汉语学习态度简析——以泰国勿洞市华裔中学生为例》，《语文学刊》2016年第6期。

李小凤：《东南亚华文教材使用状况调查及当地化探讨》，《海外华文教育》2016年第5期。

李欣：《华文教育专业泰国留学生的汉语学习动机调查分析——以华侨大学为例》，《世界华文教学》（第二辑），社会科学文献出版社，2016。

李欣、严文蕃：《海外华文教育标准的类别分析及模型建构》，《华侨大学学报》（哲学社会科学版）2016年第6期。

林彬：《"合、声"于中国教育文化传承创新的"和"弦》，《新教师》2016年第11期。

林沈颖、陈祥光：《东南亚华文教育发展过程信息管理系统研制》，《教育教学论坛》2016年第9期。

刘华、于艳群：《华语作为第一语言教学的常用分级词表研制》，《海外华文教育》2016年第5期。

刘立伟、祝湘辉：《新时期缅甸华文教育的变化、形势和问题》，《语文学刊》2016年第5期。

刘文珂：《浅析海外华文人才培养及开设全日制中文学校的可行性》，《经济研究导刊》2016年第18期。

刘玉红：《印尼华裔新生代中华文化认同与华文教育研究》，《海外华文教育》2016年第4期。

孟雪：《〈汉语〉教材在泰国华校的使用分析》，《留学生》2016年第1期。

潘艳贤：《浅析20世纪以来泰国华泰族群关系》，《八桂侨刊》2016年第1期。

钱伟：《自成体系的马来西亚华人高等教育》，《中国社会科学报》2016年9月第004版。

乔萱：《凝侨心　聚侨力　省侨办助力"一带一路"建设》，《南方日报》2016年10月第AⅡ版。

任弘：《汉字教学发展对华文教育的影响》，《世界华文教学》（第二辑），社会科学文献出版社，2016。

邵琳琳：《华文教育能否推陈出新?》，《人民日报》（海外版）2016年2月第012版。

沈玲：《认同转向之下菲律宾华人家庭民族语言文字使用研究》，《华侨华人历史研究》2016年第4期。

沈玲、姚文放：《同根共荣：东南亚华文教育与华文文学的历史回顾》，《华侨大学学报》（哲学社会科学版）2016年第4期。

孙迪：《论文艺振兴华文教育，为中华民族伟大复兴统一战线》，《才智》2016年第35期。

孙少锋、尹玥：《华文教育　规模水平有进展　旧忧新愁仍待解》，《人民日报》（海外版）2016年1月第012版。

王斌、刘宏宇：《哈萨克斯坦华裔留学生"中国印象"实证研究》，《新疆教育学院学报》2016年第2期。

王宇、李婷婷：《浙江青田：发挥侨乡优势　讲好中国故事》，《人民日报》（海外版）2016年第007版。

王玉娟：《社会整合视阈下的制度建构：二战前新马"华校会考"研究》，《华侨华人历史研究》2016年第4期。

吴春燕、苏运生：《"一带一路"上的华侨教育》，《光明日报》2016 年第 005 版。

吴海玲：《〈美洲华语〉语法项目编写研究》，《语文学刊》2016 年第 7 期。

吴君静：《透析美国华文报纸对当地社会的影响》，《才智》2016 年第 3 期。

吴应辉：《东南亚华文教育发展问题的表象、本质、措施与机遇》，《浙江师范大学学报》（社会科学版）2016 年第 1 期。

武琴、洪骞：《基于云平台的华文教学新模式应用研究》，《软件导刊》2016 年第 7 期。

谢臻：《让"外国求学小囡"学得更好》，《联合时报》2016 年 2 月第 002 版。

杨宁、李然：《华文教育如何实现更好发展》，《人民日报》（海外版）2016 年 3 月第 007 版。

杨宁、赵家坤：《新西兰华裔二代：在夹缝中寻找文化身份认同》，《人民日报》（海外版）2016 年 5 月第 010 版。

杨天虎：《东南亚汉语教育研究论纲》，《考试周刊》2016 年第 47 期。

于晶波：《从马印华报发展看外宣媒体如何拓展海外影响力》，《对外传播》2016 年第 7 期。

张鹭：《华侨大学华文学院对外汉语专业培养特色刍议》，《佳木斯职业学院学报》2016 年第 2 期。

张梅：《华侨华人与文化"走出去"研究》，《现代传播》2016 年第 2 期。

张芹：《从缅甸华文教育史的角度透视缅华教师培训模式》，《海外华文教育》2016 年第 6 期。

周伶俐：《如何利用海外华人社区优势推进华文教育》，《语文学刊》（外语教育教学）2016年第1期。

周清海：《迎接汉语大融合的时代》，《世界华文教学》（第二辑），社会科学文献出版社，2016。

博士学位论文

董亚茹：《新加坡小学华文教材与教育戏剧》，博士学位论文，南京大学，2016。

黄集初：《马来西亚华文教育体系的省思》，博士学位论文，华中师范大学，2016。

李璘：《马来西亚华语教材〈华语入门〉字词选编研究》，博士学位论文，华中师范大学，2016。

秀莲（Chanicha Kidprasert）：《泰国华语与汉语普通话书面语差异研究》，博士学位论文，黑龙江大学，2016。

硕士学位论文

才让卓玛：《美国波士顿华人社区华裔学生汉语学习情况调查报告》，硕士学位论文，西北师范大学，2016。

蔡佩坤：《印尼教会学校中文教学的调查报告》，硕士学位论文，中山大学，2016。

曹青：《新加坡"乐学善用"教育理念及其在学前华文教学中的应用》，硕士学位论文，山东大学，2016。

陈丽娟：《马来西亚马六甲培风中学经典班实施的现状、问题与对策研究》，硕士学位论文，华中师范大学，2016。

陈素琴（Tan Soo Khim）：《马来西亚独中华文教师职业倦怠与教学效能感的调查研究》，硕士学位论文，华东师范大学，2016。

陈曦：《左秉隆在新加坡推广中华文化研究》，硕士学位论文，广西大学，2016。

程桂芝：《华文教学在印尼三语学校的发展模式探析》，硕士学位论文，郑州大学，2016。

程浩兵：《基于书面语料的马来西亚华语特色词语研究》，硕士学位论文，暨南大学，2016。

寸待蜜：《缅北腊戌果文中学汉语教学的综合调查分析》，硕士学位论文，华侨大学，2016。

段彩云：《泰国泰北忠贞中学华校的个案调查研究》，硕士学位论文，云南大学，2016。

范峻玮：《南澳大利亚州中文民族学校与孔子学院的比较分析》，硕士学位论文，山东大学，2016。

冯恩莉（WIN WIN MAW）：《缅北景栋地区师资培训现状调查》，硕士学位论文，中央民族大学，2016。

高承：《印尼三语学校微观华语环境建设的特色分析》，硕士学位论文，华侨大学，2016。

苟欣悦：《〈中文·教学参考〉（小学版）编写体例及内容研究》，硕士学位论文，暨南大学，2016。

洪骞：《云端华文数字教材的学习工具分析》，硕士学位论文，暨南大学，2016。

胡颖：《陈嘉庚办学实践及其对当代民办教育的启示》，硕士学位论文，西华师范大学，2016。

黄素君：《印尼坤甸市中学汉语教学现状调查研究》，硕士学位论文，河北师范大学，2016。

黄志媛：《革新开放后越南胡志明市华文学校教学现状的调查》，硕士学位论文，广西民族大学，2016。

金雅：《泰北华文民校汉语教学发展现状研究》，硕士学位论文，天津师范大学，2016。

瞿美清：《马来西亚区域华文教育研究》，硕士学位论文，南京大学，2016。

兰余美慧：《菲律宾公立中学汉语课程设置研究》，硕士学位论文，福建师范大学，2016。

李艾蒨：《马来西亚国民中学初中教科书本土化研究》，硕士学位论文，南京大学，2016。

李季：《〈华文〉的教材分析及其在柬埔寨的使用情况》，硕士学位论文，广州大学，2016。

李丽影：《文化认同视野下华文教育中的汉字教学探析》，硕士学位论文，华侨大学，2016。

李世歌：《〈小学华文〉在印尼补习学校的使用情况考察》，硕士学位论文，广东外语外贸大学，2016。

李晚月：《泰国华文教育发展史》，硕士学位论文，哈尔滨师范大学，2016。

梁员萍：《泰国华文学校汉语教师课堂管理行为研究》，硕士学位论文，广西大学，2016。

廖瑞钦：《华文教育研究成果统计与分析》，硕士学位论文，华侨大学，2016。

林绿萍：《来华留学生汉语使用情况及语言态度调查研究》，硕士学位论文，华侨大学，2016。

林园华：《印尼华文补习学校华裔小学生口语教学设计》，硕士学位论文，广东外语外贸大学，2016。

刘敏：《菲律宾语言政策演变及对华校学生语言使用影响》，

硕士学位论文，新疆师范大学，2016。

卢艳：《海外华文初中教材写作练习设计分析》，硕士学位论文，暨南大学，2016。

吕立民（LUI LEP MING）：《马来西亚华文小学华文课程标准（2011年版）研究》，硕士学位论文，华中师范大学，2016。

吕子态（AUNG MINSOE）：《缅北华文教育现状及发展前景探析》，硕士学位论文，华侨大学，2016。

马琳娜：《华文教育中华文化常用词表的研制》，硕士学位论文，华侨大学，2016。

马伊：《菲律宾华校的华语教学研究》，硕士学位论文，新疆师范大学，2016。

诺苏哈娜（Norshuhana Binti Mohd Noor）：《马来幼儿汉语教材特点分析》，硕士学位论文，北京外国语大学，2016。

秦柳青：《柬埔寨华校小学教材练习设计考察分析》，硕士学位论文，云南师范大学，2016。

阮氏贤：《胡志明市的华人语言使用情况调查分析》，硕士学位论文，广西大学，2016。

睢瑞珊：《试析菲律宾马科斯政府时期的华文教育》，硕士学位论文，福建师范大学，2016。

孙世伟：《泰国中文教育情况探究》，硕士学位论文，吉林大学，2016。

王斌：《华文教育对中华认同的促进作用研究》，硕士学位论文，新疆师范大学，2016。

王丹阳：《海外华文教材课文研究》，硕士学位论文，暨南大学，2016。

王芳：《柬埔寨华校小学教材〈华文〉研究》，硕士学位论文，鲁东大学，2016。

王亮宇：《马中初中科学课程标准的比较研究》，硕士学位论文，华东师范大学，2016。

王昕骅：《柬埔寨实居省华校课堂管理调查研究》，硕士学位论文，云南大学，2016。

吴灵：《海外华文传媒对海外华人的文化认同建构》，硕士学位论文，暨南大学，2016。

许月月：《中新小学语（华）文教材知识文化比较研究》，硕士学位论文，广州大学，2016。

荀忱忱：《中国现当代文学作品在马来西亚华文教育中的传播》，硕士学位论文，浙江师范大学，2016。

杨莉：《印尼华裔学生课外汉语环境对汉语学习的影响》，硕士学位论文，广东外语外贸大学，2016。

尹春慧：《印尼占碑地区华文教学现状调查研究》，硕士学位论文，云南大学，2016。

尹健：《印尼三宝垄市汉语教学情况调查》，硕士学位论文，广东外语外贸大学，2016。

翟迅：《菲律宾光启学校第二语言教学现状的分析》，硕士学位论文，陕西师范大学，2016。

詹雪靖：《泰国中部及东北部中学汉语教学研究》，硕士学位论文，西安外国语大学，2016。

张成伟：《马达加斯加费内维尔中山学校汉语教学现状研究》，硕士学位论文，哈尔滨师范大学，2016。

张家芬（JENIFER CHRISTIANY OENTORO）：《印尼泗水高级

中学华文（汉语）教育现状分析及建议》，硕士学位论文，福建师范大学，2016。

张宁宁：《华文学校在菲律宾的发展现状分析》，硕士学位论文，郑州大学，2016。

张佩嘉（CHONG PUI JIA）：《马来西亚华文小学非华裔学生识字教学的研究》，硕士学位论文，华中师范大学，2016。

张倩：《柬埔寨华校中学教材〈华文〉适用性分析及应对策略研究》，硕士学位论文，广东外语外贸大学，2016。

肇群：《新形势下菲律宾华文学校本土师资现状分析研究》，硕士学位论文，福建师范大学，2016。

郑瑛：《泰国华文教育研究》，硕士学位论文，广西民族大学，2016。

周东杰：《华文教育师范生培养方案》，硕士学位论文，华侨大学，2016。

朱翊郡（CHOO YEE KOON）：《马来西亚非华裔生识字教学研究》，硕士学位论文，华中师范大学，2016。

图书在版编目（CIP）数据

海外华文教育研究报告. 2018 / 陈水胜，李伟群主
编. -- 北京：社会科学文献出版社，2019.7
（中国文化"走出去"研究报告）
ISBN 978 - 7 - 5201 - 4121 - 5

Ⅰ.①海… Ⅱ.①陈… ②李… Ⅲ.①华文教育 - 研
究报告 - 国外 - 2018 Ⅳ.①G749.3

中国版本图书馆 CIP 数据核字（2018）第 293174 号

中国文化"走出去"研究报告
海外华文教育研究报告（2018）

主　　编／陈水胜　李伟群

出 版 人／谢寿光
责任编辑／叶　娟　李帅磊　吕心翠

出　　版／社会科学文献出版社·国别区域分社（010）59367078
　　　　　　地址：北京市北三环中路甲 29 号院华龙大厦　邮编：100029
　　　　　　网址：www. ssap. com. cn
发　　行／市场营销中心（010）59367081　59367083
印　　装／三河市龙林印务有限公司

规　　格／开本：787mm × 1092mm　1/16
　　　　　　印 张：13.25　字 数：160 千字
版　　次／2019 年 7 月第 1 版　2019 年 7 月第 1 次印刷
书　　号／ISBN 978 - 7 - 5201 - 4121 - 5
定　　价／89.00 元